LA VIE

DE

SAINTE GENEVIÈVE

PATRONNE DE PARIS ET DE LA FRANCE

ÉCRITE EN LATIN DIX-HUIT ANS APRÈS SA MORT, ET TRADUITE

PAR LE

R. P. PIERRE LALLEMANT

Prieur de l'Abbaye de Sainte-Geneviève et Chancelier de l'Université

SUIVIE

D'UNE NEUVAINE ET DE PRIÈRES

en l'honneur de sainte Geneviève

EXTRAIT

DU MANUEL DE L'INSTITUT

DES

DAMES DE SAINTE-GENEVIÈVE.

LIBRAIRIE CATHOLIQUE DE **PÉRISSE** FRÈRES,

IMPRIMEURS DE N. S. LE PAPE ET DE SON ÉM. LE CARDINAL-ARCHEVÊQUE DE LYON.

PARIS	LYON
NOUVELLE MAISON	ANCIENNE MAISON
RUE SAINT-SULPICE, 38	**RUE MERCIERE**, 49
ANGLE DE LA PLACE	ET RUE CENTRALE, 60

1859

LA VIE

DE

SAINTE GENEVIÈVE

PARIS. — IMPRIMERIE DE SOYE ET BOUCHET,
Place du Panthéon, 2.

LA VIE
DE
SAINTE GENEVIÈVE

PATRONNE DE PARIS ET DE LA FRANCE

ÉCRITE EN LATIN DIX-HUIT ANS APRÈS SA MORT, ET TRADUITE

PAR LE

R. P. PIERRE LALLEMANT

Prieur de l'Abbaye de Sainte-Geneviève et Chancelier de l'Université

SUIVIE

D'UNE NEUVAINE ET DE PRIÈRES

en l'honneur de sainte Geneviève

LIBRAIRIE CATHOLIQUE DE **PÉRISSE** FRÈRES,

IMPRIMEURS DE N. S. LE PAPE ET DE SON ÉM. LE CARDINAL-ARCHEVÊQUE DE LYON.

PARIS	LYON
NOUVELLE MAISON	ANCIENNE MAISON
RUE SAINT-SULPICE, 38	**RUE MERCIERE**, 49
ANGLE DE LA PLACE	ET RUE CENTRALE, 60

1859

LA VIE

DE SAINTE GENEVIÈVE

PATRONNE DE PARIS ET DE LA FRANCE (*).

LIVRE PREMIER

CHAPITRE PRÉLIMINAIRE

DE L'AUTEUR DE LA VIE DE SAINTE GENEVIÈVE

La Vie de sainte Geneviève, qui a été traduite par le Révérend Père Lallemant, a été tirée de plusieurs manuscrits. Elle a été composée par un auteur qui

(*) Les anciens manuscrits de l'abbaye de Sainte-Geneviève lui donnent le titre de *Regni patrona*, et ses offices rappellent constamment le droit de sainte Geneviève à la vénération et à la confiance non-seulement de Paris, mais de la France entière. En effet, on lit (offices approuvés de nouveau, en **1840**, par Mgr Affre) :

Quæ tanta cœlo gaudia personant? Patrona Franci nascitur Imperi.	Quels chants de joie se font entendre dans ces lieux ? C'est la patronne de la France qui prend naissance.

(*Festa Sanctæ Genovefæ*. Hymne des premières vêpres.)

Gallicæ custos, Genovefa, gentis, Quæ tibi virtus data ! quæ potestas !	Geneviève, gardienne de la nation française, quelles vertus, quelles puissances vous ont été données !

(*Hymne de Laudes.*)

Virgo decus patriæ, Spes salusque Galliæ.	Geneviève, vous êtes la gloire de notre patrie, l'espérance et le salut de la France.

(*Prose de la messe.*)

Sublimis arca, cernis ut ad tuos Sternit recumbens se Clodoix pedes; Tuumque Francis, Diva poscit Præsidium columenque rebus.	Du haut du trône où vous êtes élevée, vous voyez le grand Clovis, prosterné à vos pieds, vous implorer comme l'appui et le soutien de la France.

(*Hymne des deuxièmes vêpres.*)

vivait de son temps, comme on le peut recueillir de trois passages qui en sont tirés. (*)

Le premier est sur la fin où il dit qu'il n'a pas voulu rapporter les particularités de sa mort et de ses obsèques, pour être plus court : par où il insinue qu'il en était fort bien informé pour les avoir vues, ou les avoir apprises de personnes qui y avaient assisté.

Il dit ensuite, voulant raconter deux miracles de cette sainte, qu'il estime à propos d'en rafraîchir la mémoire. Il ne dit pas que c'est pour en donner connaissance, supposant qu'on l'avait déjà, mais pour

Nobilis regni Genovefa custos, Quæ laboranti patriæ potenti Subvenis dextra, placidisque servas Lilia Gallis.	Noble gardienne de la France, Geneviève, dont la main puissante protége la patrie de ses dangers et maintient la paix parmi nous.

(*Fête de la Translation du tombeau de sainte Geneviève.* Hymne de none.)

Patrona Franci nominis et decus.	O vous que le ciel dans sa bonté a donnée pour patronne à la France ! (*Hymne de Laudes.*)

Les brefs émanés de Rome pour l'Institut de Sainte-Geneviève portent toujours ces paroles : *Sancta Genovefa, urbis et Galliæ patrona.*

Nos frères séparés, les protestants, ont eux-mêmes reconnu sainte Geneviève comme la patronne que la France invoque. Georges Wallin, théologien et sujet du roi de Suède, a publié, en 1723, à Wittemberg, une vie ou plutôt des recherches et discussions historiques, critiques et théologiques sur sainte Geneviève, sous ce titre : *De Sancta Genovefa Parisiorum et* TOTIUS REGNI GALLIÆ PATRONA *disquisitio historico-critico-théologica, in* III *partes divisa.* (Witeberge, 1723 in-4°.) Cet ouvrage, écrit en latin, est en la possession de la Bibliothèque Sainte-Geneviève.

(*) Nous avons cru devoir conserver fidèlement le texte de la traduction dans toute sa simplicité, et placer seulement en notes les observations ou éclaircissements qui peuvent avoir de l'intérêt pour les chrétiens de nos jours.

en rafraîchir la mémoire, témoignant par cette expression qu'il parlait à des personnes qui probablement les avaient vus.

Le troisième passage, qui paraît le plus fort, est celui qui se trouve un peu avant les deux autres, où l'auteur parlant d'une huile bénite dont sainte Geneviève se servait pour guérir les malades, il dit qu'il a vu dix-huit ans après sa mort cette huile qui était crue miraculeusement dans la fiole : d'où l'on conclut que cet auteur vivait du temps de sainte Geneviève, ou immédiatement après elle.

L'antiquité de la même Vie se peut encore prouver par les anciens termes latins dont l'auteur se sert, comme du mot de *Durocortorum* pour signifier la ville de Reims ; *Vangionum urbs*, pour Spire en Allemagne; *Tertia Lugdunensis*, pour la province de Touraine ; *Cursus*, pour l'office divin ; *hora duodecima*, pour vêpres ; *Eulogia*, pour des présents de dévotion ; et d'autres semblables qui n'ont été en usage que dans les premiers siècles.

Pour ce qui est de l'auteur de cette Vie, Doublet, en ses *Antiquités de Saint-Denis*, estime que c'est un certain prêtre nommé Génésius (*), duquel sainte Geneviève se servit pour prendre le soin du bâtiment de l'église qu'elle fit faire à ce saint; et il y a bien de

(*) Le R. P. Lallemant avait achevé cette traduction quelques mois seulement avant sa mort. Son éditeur a gardé l'anonyme, et en dédiant cette traduction à la marquise de Miramion, célèbre pour son dévouement au culte de sainte Geneviève, il dit ces paroles : « Cette Vie de sainte Geneviève que je prends la liberté de vous présenter, selon la « plus commune opinion, a été écrite en latin par un prêtre « nommé Salvius, qui vivait du temps même de cette grande « sainte. »

Nous avons cru devoir conserver ces deux versions qui ne diffèrent que par le nom donné au prêtre de *Genesius* et de *Salvius*.

l'apparence que le Père Bollandus, Jésuite, n'avait pas eu connaissance de ce passage de Doublet, quand il a écrit que cette Vie de sainte Geneviève était un ouvrage de quelque religieux de son abbaye, ce qu'il ne dit que par conjecture.

CHRONOLOGIE DE LA VIE ET DE LA MORT DE SAINTE GENEVIÈVE.

Sainte Geneviève vint au monde environ l'an 423, et il n'est pas croyable qu'elle y soit venue plus tard, puisque ce fut sous l'empire d'Honorius qui est mort la même année.

L'an 429, selon la Chronique de Bède, saint Germain, évêque d'Auxerre, allant en Angleterre pour y combattre l'hérésie des Pélagiens, passa par Nanterre, où il vit sainte Geneviève qui en était originaire, et qui n'avait alors que six à sept ans. Ce fut ce saint prélat qui la confirma dans le dessein qu'elle avait de demeurer vierge; mais ce ne fut que dans un âge plus avancé qu'elle se consacra à Dieu entre les mains de l'évêque Villique, qui la reçut publiquement au nombre des vierges.

L'an 451, sainte Geneviève chassa par ses prières Attila de devant Paris qu'il tenait assiégé.

L'an 507 Clovis, quatre ans avant sa mort, promit à Dieu de bâtir une église sous l'invocation des bienheureux apôtres saint Pierre et saint Paul, à la sollicitation de sainte Clotilde et de sainte Geneviève, afin d'obtenir la victoire dans la guerre qu'il allait faire contre Alaric. Il commença même de satisfaire à ce vœu avant son départ, en faisant jeter les fondements de cette église.

L'an 511 Clovis décéda le 28 novembre, et fut enterré en la même église qu'il faisait bâtir, et qui n'était pas encore en sa perfection, puisqu'il est dit, en une ancienne Vie de sainte Geneviève, que sainte Clotilde la fit achever sous le règne de ses enfants.

L'an 512, sainte Geneviève décéda le 3 janvier; car on lit au commencement de sa Vie qu'elle vécut jusqu'au temps de Childebert et de Clotaire. Elle était alors âgée de quatre-vingt-neuf ans, ce qui s'accorde assez bien avec ce qui y est écrit en un autre endroit, où il est dit qu'elle vécut plus de quatre-vingts ans.

CHAPITRE PREMIER.

Nous trouvons que la bienheureuse Geneviève, dont nous écrivons la vie, est née dans le village de Nanterre, à trois petites lieues de la ville de Paris. Mais, sans nous arrêter à ces choses superflues, qui regardent sa naissance et ses parents (*), il me semble qu'ayant à écrire pour l'instruction et l'édification des fidèles, il est bien plus convenable que je raconte premièrement comme elle fut devouée et consacrée à Dieu dès son enfance, et qu'ensuite je leur fasse connaître les merveilleux effets que la grâce produisit dans cette sainte fille.

(*) D'après les anciens manuscrits les plus authentiques, sainte Geneviève était fille de parents riches et au moins d'une grande aisance. La houlette souvent placée en sa main, les troupeaux paissant à ses pieds étaient le signe moral de sa domination protectrice sur la ville de Paris et sur ses habitants. Les plus anciennes traditions qui existent, la représentent tenant d'une main les clefs de Paris, et de l'autre un cierge allumé qu'un démon, emblème du mal, essaye de souffler, et qu'un ange, emblème du bien, rallume.

CHAPITRE II.

Ce furent les vénérables évêques saint Germain et saint Loup qui, allant en Angleterre pour y détruire l'hérésie pélagienne, firent la cérémonie de cette consécration. Car, comme cette erreur pernicieuse se fortifiait dans ce royaume, et que, mêlant la zizanie avec le bon grain, plusieurs d'entre les fidèles se laissaient persuader que les enfants nés de parents baptisés pouvaient être sauvés sans recevoir le baptême, au lieu qu'il est dit expressément, dans l'Ecriture sainte, que personne ne peut avoir la vie éternelle qu'il n'ait été régénéré par l'eau et par le Saint-Esprit, ces deux grands personnages entreprirent d'aller combattre cette malheureuse doctrine; et en effet ils le firent si heureusement, par les témoignages des Écritures et par la vertu de leurs miracles, qu'ils triomphèrent de cette hérésie, et la chassèrent de cette île-là. Mais, parce qu'en faisant le voyage ils s'étaient arrêtés dans la paroisse de Nanterre pour y prendre un peu de repos, ou plutôt pour y faire leurs prières, une grande multitude d'habitants de tout âge, et de l'un et de l'autre sexe, leur étant allée au-devant bien loin de l'église pour leur demander et recevoir leur bénédiction, et saint Germain ayant aperçu de loin Geneviève parmi la foule, et jugeant en lui-même par une espèce de révélation que cette fille serait très-sainte, il la fit approcher, et après, l'avoir baisée à la tête, il lui demanda son nom et qui étaient ses parents. Ce que cet homme apostolique ayant appris de ceux qui l'environnaient, et voyant aussi son père et sa mère qu'on avait appelés, il leur parla en cette sorte : « Que vous êtes heureux, mes amis, d'être les parents d'une telle fille ! Sachez que les anges ont fait dans le ciel, du jour de sa naissance sur la terre, un jour de fête et un mystère de réjouissance. Cette petite sera grande devant le Seigneur; et il y en aura plusieurs qui, passant de l'admiration de sa vie à l'imitation de ses vertus, quitteront le péché, et renonçant comme elle, par la profession d'une vie sainte et religieuse, à la chair et au monde, obtiendront par ce moyen, outre la rémission de leurs péchés, la récompense de la vie éternelle. »

CHAPITRE III.

Après avoir tenu ce discours à ses parents, et leur avoir révélé le mystère de cette naissance célébrée par les anges dans le Paradis, il s'adressa à leur fille, et lui dit, en l'appelant : « Geneviève, ma fille. » A quoi ayant aussitôt répondu : « Votre servante écoute, saint Père, ordonnez-lui ce qu'il vous plaira, » saint Germain ajouta ces paroles : « Je vous prie de ne point avoir honte de me déclarer si vous voulez être Epouse de Jésus-Christ, et, en cette qualité vous consacrant à lui dans le célibat, lui conserver votre corps chaste et entier le reste de vos jours. » Et Geneviève lui ayant répliqué : « Soyez béni, mon père, de me demander avec tant de bonté si je désire une chose que je souhaite passionnément ! Je le veux de tout mon cœur, ajouta-t-elle, et je prie Notre-Seigneur qu'il me fasse la grâce d'accomplir le vœu que je lui en fais, » le saint évêque lui dit : « Ayez bon courage et bonne espérance, ma fille; tâchez vous-même d'accomplir, par vos œuvres, ce que vous croyez dans votre cœur, et que vous professez par votre bouche ; car Dieu ne manquera pas de vous donner sa grâce, et il joindra, comme parle l'Ecriture, la vertu et la force à votre beauté. » Et ce discours étant fini, il lui imposa et lui tint la main dessus la tête jusqu'à ce qu'ils fussent arrivés à l'église, où ayant donné la bénédiction au peuple, et lui ayant fait signe de la main de se retirer, il acheva de dire les prières prescrites par l'Eglise pour la neuvième et la douzième heure du jour ; ensuite s'en alla reposer, après avoir pris sa réfection selon la coutume, et rendu grâces à Dieu ; après avoir aussi averti Sévère, père de Geneviève, de venir le voir en son logis avec sa fille, le lendemain dès la pointe du jour, avant qu'il partît de Nanterre.

CHAPITRE IV.

En effet Sévère ayant porté sa fille encore enfant, dès la première heure du jour, jusqu'au lieu où était logé saint Germain, et ce saint prélat ayant encore remarqué je ne sais quoi de divin et de céleste en son visage : « Que Dieu vous garde, dit-il, Geneviève ! Vous souvient-il bien, ma fille, que vous me promîtes hier de consacrer à Dieu votre virginité ? » A quoi elle répondit : « Il me souvient, saint Père, de ce que je vous ai promis, et à Dieu par votre ministère ; je désire conserver, avec la grâce de mon Dieu, jusqu'à la fin de ma vie, la chasteté de mon âme et l'intégrité de mon corps. » A ces paroles, le serviteur de Dieu ayant pris à terre une médaille de cuivre qui se trouva à ses pieds par la permission de Dieu, et qui était marquée du signe de la croix et percée pour être plus facilement suspendue, il la lui donna comme un grand présent, et y ajouta ces paroles : « Portez toujours, ma fille, cette médaille et cette croix à votre cou, en mémoire de votre divin Epoux : ne permettez jamais que votre corps soit paré d'aucune perle ni étoffe précieuse ; ne souffrez jamais, autour de votre cou et de vos doigts, ni or, ni argent, ni aucun autre métal ; car s'il arrivait que le moindre ornement du siècle et de la terre vous corrompît la beauté de l'âme, vous perdriez les ornements célestes de la gloire, qui vous sont préparés pour une éternité. » Après quoi lui disant adieu, et la priant de se souvenir de lui en ses prières, et la recommandant aussi à son père Sévère, il reprit, avec saint Loup, le chemin de la Grande-Bretagne.

CHAPITRE V.

Il arriva quelque temps après que comme sa mère allait à l'église, en un jour de fête solennelle, et qu'elle ne pouvait empêcher Geneviève de la suivre, encore qu'elle lui eût commandé de demeurer dans la maison, cette sainte fille la conjurant par ses larmes de lui donner cette permission, et lui disant d'une voix élevée et lamentable : « Je garderai, Dieu aidant, à Jésus-Christ la foi que je lui ai promise par l'entremise de saint Germain ; j'assisterai souvent à l'église, afin de mériter d'être son épouse, comme ce bienheureux confesseur me l'a fait espérer de sa part ; » il arriva, dis-je, que sa mère s'étant transportée de colère, et lui ayant donné un soufflet, en devint aussitôt aveugle : ce que Dieu permit pour manifester la grâce et la puissance de la fille par cette punition de la mère ; car après que cette pauvre femme eut souffert cette incommodité pendant dix-huit mois, elle se ressouvint enfin du témoignage que le saint prélat avait rendu de Geneviève, et l'appelant à elle, lui dit aussitôt : « Je vous prie, ma fille, de prendre un vase et vous en aller au puits tirer de l'eau, et me l'apporter. » La sainte fille obéit, elle court au puits, et en même temps qu'elle y puisait de l'eau, elle ne pouvait retenir ses larmes, en considérant qu'elle était cause que sa mère avait perdu la vue. Mais cette mère convertie, attendant le retour de sa fille, élevait ses mains au ciel, et recevant avec une foi pleine de respect et de confiance cette eau qu'elle lui apportait et qu'elle avait bénie par un signe de croix, elle s'en mouilla les yeux ; et, reconnaissant qu'elle commençait à voir un peu, elle continua à les laver par trois fois, et par ce moyen recouvra entièrement la vue.

CHAPITRE VI.

Il arriva encore une chose mémorable : c'est qu'ayant été présentée à l'évêque Villicus, pour être consacrée avec d'autres filles plus âgées qu'elle, et ayant été mise la dernière à cause qu'elle était la plus jeune, ce prélat reconnut par une inspiration divine que Geneviève précédait en mérites toutes celles qui la précédaient en âge, et commanda aussitôt qu'on mît au premier rang celle qui était au dernier : parce que, dit-il, elle a déjà reçu du ciel la consécration dont nous allons faire la cérémonie ; après quoi, ayant toutes reçu la bénédiction pontificale, elles s'en retournèrent chez leurs parents.

CHAPITRE VII.

Mais enfin ceux de Geneviève étant morts, elle vint demeurer dans la ville de Paris à la sollicitation d'une dame dont elle était filleule ; et afin que la vertu de son âme fût éprouvée par l'infirmité de son corps, et que la grâce de Jésus-Christ crût toujours en elle de plus en plus, elle fut pendant quelque temps tellement travaillée d'une paralysie presque universelle, qu'on eût dit qu'il s'était fait une dissolution générale de toutes les parties de son corps, si bien qu'on la crut et qu'on la garda comme morte pendant trois jours, n'ayant aucun signe de vie qu'un peu de rougeur qui paraissait sur ses joues. Aussi, après avoir recouvré la santé, avait-elle coutume de dire qu'elle avait été portée en esprit, par un ange, dans le lieu du repos où sont les justes, et qu'elle y avait vu les délices et les récompenses qui sont préparées à ceux qui aiment Dieu, et que ne peuvent croire ni s'imaginer les méchants et les infidèles. Elle avait aussi le don de pénétrer dans les plus secrets replis des consciences des hommes qui vivent encore sur la terre. J'en rapporterais volontiers ce que j'en sais, pour la consolation des gens de bien et des âmes humbles ; mais j'aime mieux m'en taire, pour ne point irriter ces hommes superbes et ces faux dévots qui ne cherchent que l'occasion de détracter la vertu, et qui, par l'envie qu'ils lui portent, font assez connaître le dérèglement de leur conscience maligne et superstitieuse.

CHAPITRE VIII.

En effet, comme saint Germain, passant par Paris pour aller en Angleterre pour la seconde fois, eut demandé d'abord avec beaucoup d'empressement à tous ceux qui étaient allés en foule au-devant de lui, même hors de la ville, comment se portait Geneviève, et ce qu'elle faisait ? Le peuple, qui est toujours plus disposé à médire des gens de bien, qu'à les imiter, lui assura qu'elle n'était pas si bonne ni si sainte qu'il pensait. Mais le saint évêque, sans avoir égard à toutes ces calomnies, ne fut pas plutôt entré dans la ville; qu'il alla au lieu où était logée Geneviève, et la salua avec une humilité qui donna de l'admiration et de l'étonnement à tout le monde; et, après avoir fait sa prière, il fit remarquer à ceux qui la méprisaient, que dans la chambre particulière où elle se retirait, la terre était tout humide et arrosée de ses larmes ; et, demeurant là quelque temps, il prit occasion de les entretenir de ce qui était arrivé à cette sainte fille dès le commencement de sa vie, et comme, passant à Nanterre, il l'avait déclaré publiquement en présence de tous les habitants de ce bourg : et ainsi la recommandant au peuple de Paris, il continua le chemin qu'il avait commencé.

CHAPITRE IX.

Or le bruit s'étant répandu qu'Attila, roi des Huns, venait pour piller et ravager la Gaule, les bourgeois de Paris en prirent une telle épouvante, qu'ils voulaient transporter leurs biens et leurs richesses en d'autres villes qu'ils croyaient plus sûres et moins exposées que la leur aux incursions de ces barbares. Cependant Geneviève ayant assemblé les dames de la ville, leur persuada de passer quelques jours en la nef, et à l'entrée de l'église où sont les fonts baptismaux, et de veiller, de jeûner, et de beaucoup prier pendant ce temps-là, afin qu'imitant Judith et Esther, elles méritassent de détourner les malheurs dont Paris était menacé. Pour les hommes, elle tâchait aussi de leur persuader, de ne point faire porter leurs biens hors de la ville, en les assurant que, par une particulière protection de Jésus-Christ, elle serait délivrée du pillage, pendant que les autres, où ils voulaient se retirer, se aient ruinées par cette nation ennemie et furieuse.

CHAPITRE X.

Mais ce discours ne servit qu'à irriter encore davantage contre elle les Parisiens. Ils disaient qu'il s'était élevé en leurs jours une fausse prophétesse, appelant ainsi Geneviève, parce qu'elle prédisait la conservation de leur ville; et ils délibéraient déjà entre eux s'ils la feraient mourir à coups de pierres, ou s'ils la traîneraient dans la Seine. C'est la disposition où était ce peuple, et le danger où était cette sainte fille, lorsque l'archidiacre d'Auxerre arriva à Paris; et apprenant aussitôt la cause de ce tumulte : « Donnez-vous bien de garde, leur dit-il, de commettre une si horrible action; celle que vous voulez punir comme une criminelle a été élue de Dieu dès le ventre de sa mère, comme nous l'avons souvent ouï dire à Germain, notre bienheureux évêque, et voici des présents sacrés et bénis que je lui apporte de sa part. » A ces paroles, cette multitude se tut et s'arrêta, et comme les Parisiens avaient une vénération toute particulière pour ce saint prélat d'Auxerre, ils firent réflexion à ce témoignage avantageux qu'il avait rendu en faveur de Geneviève, et aux présents qu'il lui envoyait : ils eurent crainte d'offenser Dieu en maltraitant sa très-fidèle servante, et, passant tout d'un coup de la rage à l'admiration, ils se condamnèrent eux-mêmes, et se désistèrent de leur pernicieux dessein.

CHAPITRE XI.

Au reste ce que fit pour lors sainte Geneviève, nous fait assez connaître que cette parole de l'Apôtre fut accomplie en ce temps-là : *Que les hommes manquent quelquefois à leurs promesses, mais que Dieu y est fidèle, et qu'il conserve ceux qu'il aime et les délivre du mal.* Car de même que deux grands évêques, saint Martin et saint Agnan, se sont rendus célèbres et glorieux par la vertu de leurs miracles; que le premier s'étant un jour présenté sans armes au milieu de deux armées qui étaient sur le point de combattre, auprès de la ville de Worms, en arrêta la fureur, et leur fit jurer une sainte alliance; et que le second, voyant la ville d'Orléans assiégée par l'armée des Huns, et sur le point d'être prise malgré le secours des Goths et d'Égetius, patrice romain, mérita d'en obtenir la délivrance par ses prières : de même aussi pouvons-nous dire que sainte Geneviève ne mérite pas moins d'être honorée pour avoir éloigné et mis en fuite par la force de ses oraisons les troupes d'Attila, et empêché qu'elles n'assiégeassent la ville de Paris.

CHAPITRE XII.

Et il ne faut pas s'étonner qu'elle eût tant de crédit auprès de Dieu, puisque depuis la quinzième jusqu'à la cinquantième année de son âge, elle n'a jamais manqué de jeûner pendant cinq jours de la semaine, ne prenant un peu de nourriture que le dimanche et le jeudi qui lui étaient deux jours de fête, et passant le reste de la semaine dans l'abstinence ; encore ne mangeait-elle que du pain d'orge et des fèves froides ou réchauffées, qui étaient cuites depuis quinze jours et davantage. Pour du vin et toute autre liqueur qui peut enivrer, elle n'en but jamais en toute sa vie. Il est vrai qu'après qu'elle eut atteint l'âge de cinquante ans, elle commença de manger du lait et du poisson, en retenant toujours son pain d'orge ; mais ce fut pour obéir aux évêques qui lui commandèrent d'en user ainsi, estimant qu'on ne peut pas leur résister sans sacrilége, et craignant cette parole du Seigneur : *Celui qui vous écoute, m'écoute, et celui qui vous méprise, me méprise.* Elle avait aussi coutume de ne point prendre sa réfection sans répandre en même temps des larmes, et lever les yeux vers le ciel, parce qu'elle avait le cœur pur, comme l'évangéliste saint Luc le dit de saint Étienne. Aussi a-t-on cru qu'elle voyait comme lui les cieux ouverts, et Notrè-Seigneur Jésus-Christ debout à la droite de Dieu son père : parce que Dieu n'a pas fait une promesse vaine, quand il a dit : *Bienheureux sont ceux qui ont le cœur véritablement pur, parce qu'ils verront Dieu.* Elle était de plus toujours accompagnée de ces douze vierges mystiques et spirituelles, dont Hermès Trismégiste nous a fait la description dans son livre qui est intitulé *le Pasteur*, lesquelles sont la foi, l'abstinence, la patience, la grandeur, le courage, la simplicité, l'innocence, la concorde, la charité, l'ordre ou la discipline en ses exercices, la chasteté, la vérité et la prudence. Voilà quelles étaient les douze compagnes et amies inséparables de Geneviève.

CHAPITRE XIII.

Mais je ne dois pas oublier ici la dévotion toute particulière qu'elle avait pour le village appelé Cathœul, où saint Denis avait été enterré avec saint Rustique et saint Eleuthère, les compagnons de son martyre. Car comme l'un de ses plus grands et plus fervents désirs était d'y faire bâtir une église en l'honneur de ce saint évêque, si elle eût eu le moyen de l'entreprendre, et qu'un jour les prêtres du bourg lui étaient venus au-devant selon leur coutume, elle leur parla en cette sorte : « Mes vénérables pères en

Jésus-Christ, je vous prie et vous conjure de m'aider dans le dessein d'élever un temple sous le nom de Saint-Denis, et d'y vouloir tous contribuer de vos soins et de vos facultés ; car il ne faut pas douter, disait-elle, que ce lieu-ci ne soit digne d'un respect et d'une vénération singulière. » Mais lui ayant répondu qu'ils craignaient que cette grande entreprise ne surpassât leurs forces qui étaient petites, et qu'ils n'avaient pas seulement le moyen d'avoir de la chaux, on remarqua que son visage, devenant tout d'un coup lumineux par un rejaillissement d'une lumière intérieure et extraordinaire dont le Saint-Esprit venait de la remplir, elle se mit à leur dire comme par manière de prophétie : « Que quelqu'un d'entre vous s'en aille, je vous prie, vers le pont de la ville, et qu'il me rapporte ce qu'il y aura entendu. »

CHAPITRE XIV.

En effet ces ecclésiastiques étant allés en ce lieu, et prenant garde à ce qu'ils pourraient entendre qui pût aider au dessein de cette sainte fille, ils aperçurent deux hommes qui gardaient les portes de la ville, lesquels s'étant approchés, s'entretenaient ensemble, et dont l'un disait à l'autre que, cherchant à la piste un de ces animaux qui était séparé des autres, il avait découvert un lieu où était un four plein de chaux d'une prodigieuse grandeur : ce qui donna occasion à l'autre de déclarer qu'il en avait aussi trouvé un auquel on n'avait pas encore touché, dans la forêt prochaine, sous la racine d'un arbre que le vent avait arraché depuis peu. Ces bons prêtres les ayant entendus, ne furent pas moins surpris d'étonnement que d'admiration et de joie ; ils bénirent Dieu de tant de grâces et de faveurs qu'il faisait à sa servante, et ayant reconnu les lieux où étaient ces fours à chaux, ils allèrent lui en faire leur rapport, dont elle reçut aussi tant de satisfaction qu'elle ne put s'empêcher d'en répandre des larmes de joie ; et aussitôt qu'ils furent sortis de sa maison, elle se jeta sur ses genoux, et passa toute la nuit en pleurs et en prières, demandant à Dieu avec beaucoup d'ardeur qu'il lui donnât les moyens nécessaires pour bâtir une église en l'honneur de ce glorieux martyr.

CHAPITRE XV.

Et quoiqu'elle eût ainsi passé la nuit sans dormir, elle ne laissa pas d'aller en diligence, dès la pointe du jour, chez le prêtre Genesius, pour implorer son secours et son conseil en l'exécution de ce grand dessein ; et lui ayant raconté comme Dieu, par une spéciale providence, avait déjà fourni la chaux pour bâtir, ce bon prêtre, à cette merveilleuse nouvelle, se jeta à ses pieds comme pour l'adorer, et lui promit de s'employer sans remise et sans relâche à ce qu'elle lui ordonnait ; si bien que cette église fut bientôt élevée jusqu'au comble, tous les habitants des lieux circonvoisins y contribuant, à la sollicitation de sainte Geneviève.

CHAPITRE XVI.

Il ne sera pas aussi hors de propos de rapporter un autre miracle que Dieu fit en considération de la sainte : c'est qu'après qu'on eut assemblé plusieurs charpentiers dans la forêt, dont les uns coupaient et taillaient le bois nécessaire au bâtiment de l'église, et les autres le mettaient sur des chariots, il arriva, sans qu'elle le sût, qu'il ne se trouva pas en ce lieu de quoi les rafraîchir et leur donner à boire. Genesius donc l'ayant priée d'exhorter et d'encourager les ouvriers, tandis qu'il irait à la ville et en ferait apporter les choses nécessaires, la servante de Jésus-Christ se fit montrer un assez grand vase où l'on avait mis l'eau ou le vin qu'on avait déjà bu; et ayant fait ensuite retirer le monde pour demeurer seule, elle se mit à genoux et passa quelque temps à prier et à pleurer en la présence de Dieu, jusqu'à ce que, sentant en elle-même que sa prière était exaucée, elle se leva et fit le signe de la croix sur ce vaisseau, qui parut en même temps tout plein d'une façon miraculeuse; de sorte que ceux qui travaillaient eurent abondamment de quoi satisfaire à leur soif, tant que dura leur ouvrage, et en rendirent à Dieu de très-grandes actions de grâces.

CHAPITRE XVII.

Comme elle avait la dévotion et la coutume de veiller la nuit d'entre le samedi et le dimanche, pour se conformer en cela à la pratique des premiers chrétiens, il arriva qu'une fois au premier chant du coq elle sortit de sa maison pendant un fort mauvais temps, pour aller en cette église de Saint-Denis, mais que sur le chemin le cierge qu'on portait devant elle s'éteignit, et que les vierges qui l'accompagnaient en furent beaucoup troublées, tant à cause de la grande obscurité de la nuit qu'à cause de la difficulté des chemins qui étaient pleins de boue, et de l'abondance de la pluie qui tombait du ciel. Mais cette sainte fille ayant demandé qu'on lui donnât ce cierge éteint, elle ne l'eut pas plutôt reçu entre ses mains qu'il se ralluma, et éclaira cette sainte troupe jusqu'à ce qu'elle fût arrivée à l'église où enfin il fut consumé.

CHAPITRE XVIII.

C'est ainsi que vers le même temps étant entrée dans l'église et ayant fait sa prière, prosternée sur la terre et sur le pavé selon sa coutume, elle ne se fut pas plutôt relevée que, prenant en sa main un cierge qui n'avait jamais été allumé, il le fut aussitôt par un miracle, sans qu'on l'approchât du feu ni d'aucune autre lumière. On dit aussi qu'étant dans sa cellule, Dieu lui a fait souvent la même faveur, et qu'elle avait un cierge qui s'allumait de cette façon prodigieuse, dont plusieurs malades touchés de dévotion et de foi avaient eu quelques petites parties, et avaient par ce moyen été rétablis en leur première santé.

CHAPITRE XIX.

Une certaine femme ayant un jour dérobé les sandales de la sainte, elle ne fut pas plutôt retournée en sa maison qu'elle perdit la vue ; mais cet aveuglement du corps lui ayant rendu la clarté intérieure de l'âme, elle reconnut comme Dieu prenait le soin de venger les injures faites à sa servante : elle lui fit reporter ce qu'elle lui avait pris, et, s'allant jeter à ses pieds, elle lui demanda pardon de sa faute, et en même temps la grâce de la vouloir guérir. A quoi sainte Geneviève souriant, et la relevant de terre, eut tant de bonté que de faire le signe de la croix, et de lui rendre la vue par ses prières.

CHAPITRE XX.

Notre-Seigneur fit encore, par son entremise, un

autre miracle digne d'être remarqué dans la suite de ce discours : c'est qu'approchant de la ville de Laon qui était de la province et du diocèse de saint Rémi, une très-grande multitude de peuple lui vint au-devant, et, entre tous les autres, les parents d'une jeune fille tellement affligée depuis neuf ans d'une paralysie, qu'elle ne pouvait non plus se soutenir que si toutes les parties de son corps eussent été disloquées. Elle ne put se dispenser d'aller en la maison de cette fille pour satisfaire aux instances de tant de personnes entre lesquelles les plus âgées et les plus considérables de la ville. Elle y fit d'abord sa prière ; elle toucha ensuite et mania de sa main toutes les parties malades de son corps ; elle lui commanda de se vêtir et de se chausser ; ce que cette paralytique ayant fait, elle sortit du lit et de la chambre, et on la vit aussitôt aller se joindre à la compagnie des autres, comme si elle n'eût jamais été malade. Ce miracle si visible porta tout le monde à louer et à bénir Notre-Seigneur Jésus-Christ qui donne une si grande puissance à ceux qu'il aime ; et tout ce peuple, pour témoigner sa joie et sa reconnaissance, reconduisit sainte Geneviève hors de la ville en chantant des psaumes et des cantiques de louange.

CHAPITRE XXI.

Quant à l'estime et à la vénération que l'illustre Childéric, roi des Français, avait pour elle, je ne trouve point de paroles pour l'exprimer. Elle était si grande, qu'ayant un jour la volonté de faire mourir quelques criminels, et craignant que Geneviève, à qui il ne pouvait rien refuser, ne les ôtât des mains de la justice en obtenant leur grâce, il sortit de la ville, et en fit fermer les portes, afin qu'elle ne le pût joindre. Ce que la sainte ayant appris par un messager fidèle, elle ne laissa pas de le suivre en diligence; et étant arrivée à la porte qu'elle trouva fermée, elle ne l'eut pas plutôt touchée de ses mains qu'elle s'ouvrit sans clefs, avec l'admiration de tous ceux qui en furent les témoins; et poursuivant son chemin jusqu'à ce qu'elle eût atteint le roi, elle fit tant par ses prières, que ce prince lui accorda la vie de ces pauvres malheureux.

CHAPITRE XXII.

Il y avait pour lors du côté d'Orient, en Syrie, un saint homme appelé Siméon, célèbre par le mépris qu'il avait fait des plaisirs et des richesses du siècle, et pour être aussi demeuré près de quarante ans sur une colonne près de la ville d'Antioche. On dit de ce grand personnage que, quand il voyait passer des marchands qui venaient d'Occident, il leur demandait des nouvelles de Geneviève; ou d'autres qui y retournaient, il les priait de la saluer de sa part, en leur témoignant l'extrême vénération qu'il avait pour elle, et de la conjurer de se souvenir de lui dans ses prières.

CHAPITRE XXIII.

Une jeune demoiselle appelée Cilinie, qui non-seulement était en âge d'être mariée, mais qui était aussi sur le point de l'être, et déjà fiancée, se sentit tellement excitée à la dévotion par la considération de tant de merveilles qu'opérait la servante de Jésus-Christ, qu'elle fit dessein de changer d'état, et de lui demander à porter l'habit des vierges sacrées.

Mais le jeune homme à qui elle avait été accordée n'en fut pas plutôt averti, que, transporté d'une furieuse colère, il vint en la ville de Meaux où elles étaient alors l'une et l'autre. Tout ce qu'elles purent faire fut de courir à l'église pour éviter la rencontre de cet homme passionné. Et certes ce ne fut pas un petit miracle, que la porte de la nef où étaient les fonts baptismaux étant fermée, s'ouvrit d'elle-même pour leur faire passage. Ce qui fut cause que cette jeune fille ayant été par ce moyen heureusement délivrée de cette tempête, n'eut plus de commerce avec le monde, et persévéra jusqu'à la fin de ses jours dans les exercices d'une vie chaste et pénitente, et il arriva même qu'ayant présenté à Geneviève l'une des filles qui la servaient, pour être guérie d'un mal qui lui ôtait depuis près de deux ans le libre usage de ses pieds, cette sainte la guérit aussitôt qu'elle l'eut touchée de ses mains.

CHAPITRE XXIV.

Comme le lieu de sa demeure ordinaire était la ville de Paris, il arriva un jour qu'entre plusieurs personnes des deux sexes on lui en amena douze qui étaient cruellement tourmentées par les démons. Elle se mit aussitôt à prier et à invoquer le nom et le secours de Jésus-Christ; et l'on voyait, pendant son oraison, ces énergumènes se suspendre en l'air, sans que ni leurs pieds touchassent à la terre, ni leurs mains aux murailles de la chambre où ils étaient. Quand elle eut achevé sa prière, elle leur commanda d'aller en l'église du martyr saint Denis; mais comme ils témoignaient par leurs gémissements et leur résistance qu'ils ne pouvaient pas y aller, sans qu'elle les délivrât auparavant, elle fut encore plus touchée de leurs misères, et leur ayant fait lier les mains derrière le dos, elle les fit marcher, en les obligeant de se taire; de sorte qu'ils arrivèrent en ce lieu environ deux heures avant qu'elle y arrivât elle-même. Dès qu'elle y fut, elle se prosterna contre terre, selon sa coutume, pour faire oraison, et comme elle commença de répandre des larmes, on entendit ces possédés jeter des cris épouvantables, en disant qu'ils voyaient approcher ceux que Geneviève priait de venir à son secours. Peut être étaient-ce les anges, ou les bienheureux martyrs, ou quelques autres saints dont elle avait imploré le secours. Mais au moins est-il certain que Notre-Seigneur y était, puisque, selon les promesses de l'Écriture, il est toujours présent à ceux qui l'invoquent en esprit et en vérité, qu'il fait la volonté de ceux qui le craignent, et qu'il exauce les prières des justes. En effet Geneviève s'étant relevée, et ayant fait sur ces douze malades autant de signes de croix, ils furent délivrés de ces esprits immondes; ce que tous les assistants ayant reconnu par une extrême puanteur dont l'air fut tout infecté dans le moment qu'ils sortaient de ces corps, l'on entendit partout les louanges de Dieu qui avait fait un si grand miracle.

CHAPITRE XXV.

Il y avait une certaine femme venue de Bourges à Paris, laquelle avait la réputation d'être vierge, et qui cependant après avoir été consacrée à Dieu en cet état, avait été si malheureuse que de manquer à son vœu. Sainte Geneviève lui ayant demandé si elle était veuve ou fille religieuse, et celle-ci lui ayant répondu qu'elle faisait profession de virginité et de servir Jésus-Christ en cette qualité, la sainte, pénétrant dans le fond de sa conscience, lui déclara le lieu, le temps et la personne avec qui elle avait péché : en sorte que cette misérable fille, qui abusait ainsi du nom d'épouse de Jésus-Christ, reconnaissant sa faute, se jeta aussitôt aux pieds de sa fidèle servante. Nous avons plusieurs autres miracles semblables à celui-ci, pour montrer qu'elle avait le don de connaître ou de découvrir les sentiments du cœur et l'état des consciences; mais je les laisse pour ne pas faire une trop longue histoire.

CHAPITRE XXVI.

Peu de temps après un enfant de quatre ans tomba par hasard dans un puits, d'où on l'avait retiré mort trois heures après, et comme sainte Geneviève avait déjà fait un miracle en faveur de sa mère, en la délivrant d'un démon qui la tourmentait, cette pauvre femme, extrêmement affligée de la mort de son fils, le vint apporter à ses pieds en faisant des cris et des gémissements pitoyables : ce qui toucha tellement la sainte, que, le prenant entre ses bras, puis le couvrant de son manteau, elle ne cessa point de prier et de pleurer, demeurant prosternée contre terre, qu'il ne fût ressuscité. C'était le temps de carême, et comme cet enfant avait été mis au rang des catéchumènes et de ceux qu'on instruisait pour lors aux mystères de la foi catholique, il ne laissa pas d'être baptisé comme les autres la veille de Pâques, et on lui donna le nom de Cellomeris, parce que la vie qu'il avait perdue lui avait été rendue miraculeusement dans la cellule de sainte Geneviève.

CHAPITRE XXVII.

Tandis qu'elle était à Meaux, un homme qui avait une main percluse et le bras tout desséché jusqu'au coude, la vint trouver et la supplia de le vouloir guérir. En effet lui ayant pris cette main, et manié toutes les jointures des doigts et le reste du bras malade, l'on vit en une demi-heure toute cette partie de son corps se rétablir et reprendre son embonpoint pendant qu'elle faisait dessus des signes de croix.

CHAPITRE XXVIII.

Elle avait coutume de se retirer et de se renfermer toute seule dans une cellule, depuis le jour de la fête des Rois jusqu'au jeudi que l'Église célèbre la mémoire de la Cène du Seigneur, pour vaquer plus librement à Dieu dans la prière et les autres exercices de piété et de mortification ; et comme une certaine femme soupçonneuse eut un jour la curiosité de vouloir reconnaître secrètement ce que la sainte faisait dans sa retraite, elle n'eut pas plutôt approché ses yeux de quelques petites ouvertures qui étaient à la porte qu'elle en perdit l'usage et devint aveugle, la vengeance divine ne pouvant pas laisser impunies la malice et la témérité de cette femme. Mais enfin le carême étant passé, sainte Geneviève, sortant de sa cellule, lui rendit la vue par ses prières et par le signe de la Croix.

CHAPITRE XXIX.

Pendant les dix années ou environ que la ville de Paris fut investie par les Français, il y eut une si grande disette que plusieurs moururent de faim. Pour remédier à ce mal, cette charitable fille entreprit d'aller par la rivière de Seine jusqu'à Arcis-sur-Aube, afin d'en apporter des vivres; mais comme sur le chemin elle fut arrivée en un certain endroit tellement dangereux que presque tous les bateaux y faisaient naufrage, elle commanda à ceux qui la conduisaient de tirer à bord, et de mettre pied à terre pour abattre un arbre qui causait tout ce péril. En effet, les bateliers ayant commencé à donner quelques coups de hache sur cet arbre, et sainte Geneviève redoublant ses prières à Dieu, on le vit premièrement tomber et se déraciner comme de lui-même, et ensuite sortir de ce lieu deux monstres de diverses couleurs, qui laissèrent en se retirant une telle infection dans l'air, qu'on en fut incommodé près de deux heures. Et l'on a remarqué que depuis ce temps-là il n'a péri aucun bateau en cet endroit auparavant si périlleux.

CHAPITRE XXX.

Étant arrivée à Arcis, elle fut priée par un officier de la ville appelé Passin, de vouloir prendre la peine de venir visiter sa femme en son logis, où elle était depuis longtemps retenue au lit par une paralysie. Elle ne put lui refuser cette grâce qui lui était aussi demandée par les plus considérables d'entre les habitants du lieu. Elle alla en cette maison, elle s'approcha du lit de la malade, elle s'appliqua aussitôt à l'oraison selon sa coutume, et l'ayant achevée, elle fortifia du signe de la croix cette pauvre languissante, et lui commanda de se lever du lit. Chose merveilleuse! l'on vit aussitôt cette femme qui ne pouvait se soutenir, ni marcher auparavant en aucune façon, et qu'on assurait être dans cet état de langueur depuis près de quatre ans; on la vit, dis-je, se lever en pleine santé. De quoi les assistants furent si touchés qu'ils ne pouvaient assez louer Dieu, qui est si admirable en ses saints.

CHAPITRE XXXI.

Allant de là en la ville de Troyes, une grande multitude de peuple lui alla au-devant, et lui présenta plusieurs malades qu'elle guérissait en leur donnant sa bénédiction, et faisant dessus le signe de la croix. Etant dans la ville, on lui amena un homme qui, par une punition particulière de Dieu, avait perdu l'usage des yeux, pour avoir travaillé le dimanche, et une fille qui était aussi aveugle depuis douze ans. Elle leur rendit la vue à l'un et à l'autre par le même signe de la croix, et par l'invocation de la très-sainte Trinité.

CHAPITRE XXXII.

Un sous-diacre ayant été le témoin de tant de miracles, lui amena aussi son fils qui était fort tourmenté depuis dix mois par une très-violente fièvre. Sainte Geneviève l'ayant vu, se fit apporter aussitôt de l'eau, et l'ayant prise en invoquant le nom de Jésus-Christ, et faisant dessus le signe de la croix, elle la fit boire à cet enfant qui en fut aussitôt guéri. Il y en eut aussi plusieurs qui en ce même temps furent heureusement délivrés de différentes maladies, en portant, avec des sentiments de foi et de confiance, des franges ou quelques autres parties de ses vêtements. Il y eut même grand nombre de possédés et d'énergumènes qu'elle affranchit de la tyrannie du démon.

CHAPITRE XXXIII.

Enfin étant retournée de Troyes au bourg Arcis, où elle demeura encore quelques jours, et s'allant ensuite embarquer pour reprendre le chemin de Paris, elle fut conduite jusqu'à la barque par la femme de cet officier, laquelle elle avait guérie d'une paralysie de quatre ans. Mais comme les onze bateaux qu'elle conduisait pleins de vivres et de provisions descendaient avec elle sur la rivière, une tempête les jeta entre des arbres et des rochers; en sorte que l'eau, qui y entrait de toutes parts, commençait à les faire pencher dangereusement du côté où les inclinait davantage le poids des marchandises. Pendant ce péril imminent sainte Geneviève levait les yeux au ciel, implorant le secours de Notre-Seigneur Jésus-Christ; et l'on vit en même temps toutes ces barques se redresser et voguer comme auparavant. Un prêtre nommé Besse, que la crainte du danger avait presque fait mourir, fut tellement rempli de joie à la vue de ce miracle, qu'il se mit à chanter, d'une voix haute et intelligible, ces paroles de l'Exode : *C'est à Dieu que nous devons notre salut et notre délivrance ; il a été notre secours et notre protecteur ;* et tous les autres, à son imitation, élevant leur voix vers le ciel, à la façon des cris de joie que font les nautonniers, ils chantèrent les louanges de Dieu, qui avait exaucé les prières de sa servante.

CHAPITRE XXXIV.

Etant donc heureusement retournée à Paris, elle distribua, selon les nécessités de chacun, le blé qu'elle y avait amené. Mais comme parmi les pauvres il s'en rencontrait quelques-uns qui manquaient de patience dans leur disette, elle avait la bonté de leur donner des pains entiers comme par avance, et en cachette, pour arrêter leurs murmures ; en sorte que les filles qui la servaient à cuire voyant tous les jours que le nombre des pains diminuait, même dans le four, et recherchant avec soin, dans les rues, qui les aurait pu prendre, trouvaient de ces pauvres gens qui les emportaient encore tout chauds, et qui en marchant donnaient mille bénédictions à sainte Geneviève qui avait exercé en leur endroit une double charité ; et cette action seule nous fait bien connaître qu'elle établissait toute son espérance non pas, comme la plupart des autres hommes, sur les choses qui se voient, mais sur celles qui ne se voient point, et sur la parole de Celui qui a dit par son Prophète : *Que celui qui donne aux pauvres, prête à Dieu même à usure*, et qu'il en recevra pour récompense la vie et la gloire éternelle : laquelle lui ayant été montrée par une révélation particulière du Saint-Esprit, comme nous avons dit ci-dessus, produisait encore dans cette sainte âme un autre effet : c'est qu'elle ne se pouvait considérer retenue dans le monde par le poids de son corps, et comme exilée de sa patrie céleste où est le trésor préparé à ces charitables usuriers de la terre, dont parle l'Écriture, sans répandre continuellement des larmes.

CHAPITRE XXXV.

Le bruit de tous ces miracles qu'elle faisait à Paris, y fit venir un avocat de Meaux appelé Fruminius, qui depuis quatre ans était devenu sourd et boiteux. Il la pria de vouloir lui toucher les oreilles de ses mains, espérant recouvrer par ce moyen sa guérison. En effet, elle ne l'eut pas plutôt satisfait en ce point, en y joignant le signe de la croix, qu'il entendit et marcha comme auparavant, et en rendit grâces à Notre-Seigneur Jésus-Christ.

CHAPITRE XXXVI.

Il est temps que nous venions aux autres miracles qu'elle fit allant à Tours visiter le sépulcre de saint Martin. Comme une mère de famille appelée Fraterna eut appris qu'elle était arrivée à Orléans, et qu'elle était allée faire sa prière en l'église de Saint-Aignan, elle l'y alla trouver en diligence, pour obtenir la guérison de sa fille qui était malade à l'extrémité et sur le point de mourir. Cette pauvre mère ne l'eut pas plutôt aperçue que, se jetant à ses pieds et fondant en larmes, elle ne put prononcer en s'écriant que ces paroles : « Madame Geneviève, rendez-moi ma fille. » A quoi la servante de Dieu, considérant une si grande foi, lui répondit : « Consolez-vous, Fraterne; cessez de vous tant affliger, votre fille est guérie. » Et dès ce moment elles s'en allèrent toutes deux en la maison où était la malade, laquelle, en même temps, s'étant levée du lit ou plutôt ressuscitée du tombeau par la miraculeuse puissance de Dieu, leur vint au-devant à la porte du logis : et l'on vit tout le monde en même temps louer et bénir Dieu d'avoir rendu si soudainement la santé à cette fille, par les mérites de sainte Geneviève.

CHAPITRE XXXVII.

Étant encore dans la ville d'Orléans, elle voulut réconcilier un serviteur avec son maître ; mais celui-ci refusant avec beaucoup d'orgueil et d'opiniâtreté de pardonner à ce valet qui avait fait quelque faute, on dit qu'elle lui parla en cette sorte : « Si tu méprises mes prières, sache que Monseigneur Jésus-Christ qui est toujours prêt à pardonner aux pécheurs, ne les rejette pas. » En effet, il arriva que cet homme étant retourné en sa maison, fut subitement saisi d'une fièvre si ardente, qu'il ne put reposer de toute la nuit, se tourmentant soi-même, soufflant et criant sans cesse, et écumant par la bouche, comme les ours que les Allemands appellent des buffles, quand ils sont fatigués d'une longue course. Voilà l'état où le trouva la sainte le lendemain à la pointe du jour ; elle en eut pitié, et le voyant se rouler à ses pieds en lui demandant le pardon qu'il avait refusé la veille à son valet, elle fit dessus lui le signe de la croix ; elle chassa par ce moyen la fièvre et la maladie, et, après avoir rendu le maître sain de corps et d'esprit, elle lui dit de reprendre et recevoir son serviteur. Il ne faut pas douter que l'ange du Seigneur ne l'eût ainsi tourmenté, comme il avait fait autrefois d'un certain magistrat très-opiniâtre, appelé Avicianus ; car, comme saint Martin fut arrivé devant sa porte, pendant une nuit fâcheuse, pour le prier en faveur de quelques prisonniers, il est rapporté dans l'histoire de ce saint évêque, qu'un ange lui donna un soufflet pour l'obliger de lui aller au-devant jusqu'à l'entrée de sa maison, et de lui accorder tout ce qu'il lui demanderait.

CHAPITRE XXXVIII.

D'Orléans elle descendit par la Loire jusqu'à la ville de Tours ; mais ce ne fut pas sans courir beaucoup de hasards et souffrir de grandes incommodités sur cette rivière. Aussitôt qu'elle fut arrivée au port, l'on vit un grand nombre d'énergumènes et de possédés sortir de l'église de Saint-Martin, et lui venir au-devant; et l'on entendait les malins esprits criant par leur bouche que, depuis que sainte Geneviève approchait de la ville et qu'ils se trouvaient entre elle et saint Martin, ils étaient tourmentés de nouvelles flammes et confessaient même que c'était pour empêcher son arrivée à Tours qu'ils avaient excité des tempêtes sur la rivière. Cependant la sainte ne laissait pas de poursuivre son chemin; et étant entrée dans l'église du bienheureux évêque, elle y délivra plusieurs de ces pauvres énergumènes par ses prières et par le signe de la croix, lesquels déclarèrent, après leur guérison, que, pendant que ces esprits immondes les tourmentaient en sortant de leur corps, ils voyaient distinctement tous les doigts de la servante de Dieu luire et brûler autour d'eux comme des chandelles allumées, et que c'était la crainte d'en être brûlés qui leur faisait jeter des cris si épouvantables.

CHAPITRE XXXIX.

Pendant qu'elle était à Tours, il y eut trois hommes mariés qui vinrent la prier très-instamment qu'il lui plût d'honorer et de guérir par sa présence leurs femmes qui étaient aussi tourmentées par les démons, et qu'ils tenaient dans leurs maisons pour éviter l'infamie. Une telle misère excita sa compassion, qui lui était comme naturelle : elle les suivit, elle visita toutes ces femmes l'une après l'autre, et, après avoir prié pour leur santé et leur délivrance, elle la leur procura en les oignant d'une huile sainte et bénite.

CHAPITRE XL.

Le lendemain qu'elle eut fait ce miracle, comme elle assistait à l'office qui se faisait de nuit en l'église de Saint-Martin, où elle s'était retirée en un coin, pour prier et louer Dieu sans être interrompue, ni même connue de personne, il arriva qu'un des chantres de cette église, saisi subitement d'un esprit malin, et se déchirant soi-même sans savoir ce qu'il faisait, fut emporté du lieu où il était avec les autres, en celui où s'était cachée sainte Geneviève. Elle conjura aussitôt le démon, et lui commanda de laisser le corps de cet homme, en lui faisant souffrir la confusion d'être jeté dehors ; et ce prodige, joint aux autres, lui attira le respect et la vénération de tout le peuple, qui lui rendait toute sorte d'honneurs lorsqu'elle passait dans les rues.

CHAPITRE XLI.

En ce même temps s'étant arrêtée à l'entrée de son logis, elle vit passer une fille portant une bouteille; elle l'appela et lui demanda ce qu'elle portait ; et cette fille lui ayant répondu que c'était une bouteille pleine d'huile qu'elle avait achetée depuis peu de certains marchands, la sainte aperçut un démon assis sur l'ouverture de ce vase : elle le menaça aussitôt, et ayant soufflé dessus, une partie du cou de cette bouteille se rompit, et tomba par terre; après quoi ayant fait le signe de la croix sur le reste, elle renvoya cette fille. Tous ceux qui avaient été les témoins oculaires de cette action, ne pouvant assez admirer comment le démon, tout spirituel qu'il est, ne pouvait s'empêcher d'être reconnu partout où il est par cette sainte fille.

CHAPITRE XLII.

Un petit enfant appelé Marovethus, qui était aveugle, sourd, muet et boiteux tout ensemble, lui fut présenté par ses parents. Elle le frotta d'une huile sacrée et bénite, et lui fortifiant les membres et les sens par la vertu du signe de la croix, elle le guérit si parfaitement, qu'il commença aussitôt à voir, à entendre, à parler et à marcher.

CHAPITRE XLIII.

Comme un jour dans le temps de la moisson elle faisait couper des blés dans un champ qu'elle possédait dans le territoire de Meaux, il s'éleva un orage imprévu qui troubla les moissonneurs. Sainte Geneviève se retira aussitôt dans une tente voisine, et répandant des larmes pour arrêter la pluie, se prosterna sur la terre, selon sa coutume, pour y faire son oraison. Chose prodigieuse! ses prières eurent tant de puissance sur Jésus-Christ, qu'il commanda à la pluie de s'éloigner; de sorte qu'encore qu'il plût sur toutes les terres qui environnaient les siennes, il ne tomba pas néanmoins une seule goutte d'eau ni sur les gerbes ni sur les moissonneurs.

CHAPITRE XLIV.

Quelque temps après, comme elle se faisait conduire sur la rivière de Seine, une si furieuse tempête se forma subitement dans l'air et sur l'eau, qu'il semblait que les vents et les flots allaient submerger son bateau. Mais ayant aussitôt élevé ses yeux et ses mains au ciel pour en implorer le secours, le calme se rétablit en si peu de temps, qu'on ne douta point que Jésus-Christ l'avait exaucée, et avait commandé aux vents et aux eaux comme il avait fait autrefois.

CHAPITRE XLV.

On lui amena un jour un homme possédé et tourmenté par le démon, et comme elle avait coutume d'oindre d'huile bénite ceux qui lui étaient présentés pour être guéris, elle se fit apporter le vaisseau où on la gardait. Mais elle fut extrêmement surprise et troublée en elle-même de voir qu'il était vide, et qu'il n'y avait point là d'évêque pour bénir d'autre liqueur. Elle demeura quelque temps en suspens, ne sachant que faire en cette rencontre ; mais enfin elle se tourna du côté de Dieu, et se prosterna pour le prier avec instance d'avoir pitié de ce pauvre énergumène, et de l'affranchir de la tyrannie du démon ; et s'étant levée après cette oraison, on vit cette fiole remplie d'huile entre ses mains ; si bien que nous pouvons dire qu'elle obtint par une même prière deux grâces singulières, et qu'elle opéra deux grandes merveilles, puisqu'elle délivra et guérit ce possédé, et qu'elle reçut du ciel cette huile sainte et miraculeuse. Pour moi, je puis assurer que dix-huit ans après le décès de cette servante de Dieu, dans le temps que je me suis appliqué à écrire sa vie, j'ai vu cette sainte ampoule, et cette huile dont elle avait été remplie à sa prière.

CHAPITRE XLVI.

Quant à ce qui touche la mort de sainte Geneviève, et l'honneur qui lui fut rendu en ses funérailles, je laisse beaucoup de circonstances pour finir et ne pas être long. Je dirai qu'après avoir demeuré sur la terre comme dans un lieu d'exil et vécu dans la pratique de toute sorte de vertus, jusqu'à l'âge de quatre-vingts ans et davantage, enfin, étant parvenue à une vieillesse pleine de vigueur et de bénédiction, elle mourut en paix et fut inhumée le troisième jour du mois de janvier.

CHAPITRE XLVII.

Il me semble néanmoins qu'il ne sera point tout à fait inutile, pour l'instruction des fidèles et pour l'honneur du lieu où elle repose, de rapporter ici comment un homme de qualité, appelé Prudens, recouvra la santé à son sépulcre. Car comme il était tellement tourmenté du calcul et de la gravelle, que ses parents désespéraient de sa guérison et de sa vie, ils vinrent au tombeau de notre sainte, et y prièrent avec beaucoup de pleurs et de gémissements, de sorte que le jour même il jeta heureusement une pierre, et ne se ressentit plus de ce mal depuis ce temps-là.

CHAPITRE XLVIII.

Il arriva aussi qu'un certain homme, Goth de nation, avait été perclus de ses deux mains pour avoir travaillé le jour du Dimanche. Il eut recours à la sainte, et ayant passé une nuit tout entière auprès de son tombeau qu'on avait environné d'une cage de bois, on le vit le lendemain sortir sain et parfaitement guéri de l'église qui avait été bâtie sur ce sépulcre.

CHAPITRE XLIX

Car comme le roi Clovis de glorieuse mémoire, ce prince si redoutable par la puissance de ses armes, avait eu pour sainte Geneviève vivante une bienveillance toute particulière, et qu'à sa seule considération il avait souvent délivré des prisonniers et pardonné aux criminels, il voulut aussi lui témoigner sa vénération après sa mort. Il fit bâtir une église en son honneur et à son sujet; il est vrai qu'il la laissa imparfaite; mais elle fut achevée après son décès, par les soins de la reine Clotilde. On y joignit trois portiques, et l'on y voyait des peintures qui nous représentaient les histoires anciennes et véritables des patriarches, des prophètes, des martyrs et des confesseurs, et par conséquent tant que nous sommes de fidèles qui adorons le Père, le Fils, et le Saint-Esprit en une même substance et divinité, et qui confessons l'unité d'un Dieu en la Trinité de personnes, prions incessamment sainte Genevève, cette très-fidèle servante de Dieu, qu'elle prie elle-même pour nous obtenir le pardon de tous nos péchés, et afin qu'étant reconciliés à Dieu par son moyen, nous louions et bénissions Notre-Seigneur Jésus-Christ, à qui est due toute sorte de gloire, d'honneur et de soumissions, en tous les siècles des siècles. Ainsi soit-il.

LIVRE DEUXIÈME.

REMARQUES SUR LA VIE DE SAINTE GENEVIÈVE ET SUR SA CHASSE.

CHAPITRE PREMIER.

Du sépulcre de sainte Geneviève.

La vénération que les Parisiens avaient eue pour sainte Geneviève pendant sa vie, les excita à rendre tous les honneurs possibles à son corps après sa mort. Ils l'enterrèrent dans la nouvelle église qui avait été bâtie sous l'invocation de saint Pierre et de saint Paul, assez près du roi Clovis, ne pouvant choisir un lieu plus honorable pour sa sépulture; et comme ils avaient eu recours à elle durant sa vie dans leurs plus pressantes nécessités, ils eurent encore la même confiance en sa protection après sa mort. On les vit donc venir jour et nuit sur son tombeau pour implorer son assistance.

Leur piété y fit brûler continuellement une lampe, tant pour suivre la coutume des anciens qui en mettaient par honneur auprès des corps des défunts, que pour servir à la commodité du lieu où était son sépulcre, et en éclairer l'obscurité. Ce fut alors que l'on vit une foule de peuple accourir de tous côtés à cette lampe miraculeuse comme à un remède souverain pour la guérison de toutes sortes de maladies; et si l'on fut étonné de voir que l'application de l'huile faisait marcher droit les boiteux, rendait la vue aux aveugles, et ouvrait les oreilles aux sourds, on ne le fut pas moins de ce qu'encore que toute l'huile en fût épuisée par la quantité de malades qui s'en servaient, elle ne laissait pas néanmoins de brûler toujours. C'est en mémoire de cette lampe miraculeuse que l'on en a jusqu'à présent entretenu une devant le tombeau de cette sainte.

CHAPITRE II.

De la translation du corps de sainte Geneviève, et de sa châsse.

On ne sait pas d'une manière certaine l'époque à laquelle le corps de sainte Geneviève fut levé du cercueil de pierre où il avait été mis après sa mort, pour être exposé à la vénération des peuples. Il y a néanmoins de l'apparence que ce fut environ cent vingt ans après son décès, lorsque saint Éloi, porté d'une particulière dévotion envers elle, s'offrit de lui faire une châsse, comme il a été remarqué dans la vie de ce saint prélat par saint Ouen (*). Il y employa donc toute son industrie, et n'y épargna rien de tout ce qui pouvait contribuer à la rendre riche et magnifique; afin que, selon la pensée d'un ancien auteur, celle qui pendant sa vie avait généreusement méprisé les vains ornements qui font d'ordinaire la gloire de son sexe, en fût justement honorée après sa mort. Cette translation qui arriva l'an 630, est probablement celle qui se célèbre tous les ans le 28 octobre en son église.

(*) Voir pour rectification à ce sujet Livre troisième, chapitre 2, page 73.

L'or, l'argent et les pierreries qui enrichissaient cette châsse n'eussent point échappé sans doute à l'avarice des Normands, si on n'eût eu soin de la retirer, et de la mettre en un lieu de sûreté avant le pillage de son abbaye qu'ils réduisirent en cendres. Depuis qu'elle y fut rapportée, on continua toujours d'y faire des présents comme nous l'apprenons d'une épître d'Étienne de Tournay, abbé de Sainte-Geneviève, qui, sous le règne de Philippe-Auguste, remercie un grand prélat de l'or et des pierreries qu'il avait envoyés pour orner la châsse de cette grande sainte.

Elle demeura en l'église souterraine où était alors la paroisse de l'abbaye, qui depuis a été transférée en l'église de Saint-Etienne, jusqu'à ce qu'on fût obligé de la transporter encore une seconde fois hors de Paris pour éviter le pillage des Normands qui firent un merveilleux dégât dans tout le pays. Après que ce torrent, qui avait presque ruiné toute la France, se fut écoulé, on la rapporta environ l'an 847 en son église, et on l'éleva derrière le grand autel où elle se voit encore aujourd'hui.

L'an 1161, on en fit l'ouverture pour reconnaître la vérité d'un faux bruit qui courait qu'on avait enlevé la tête de cette sainte patronne de Paris. La cérémonie en fut faite par l'archevêque de Sens en présence de deux évêques ; il certifia à tout le peuple, qui était accouru en foule, qu'ils avaient trouvé le chef de sainte Geneviève, la gloire et l'ornement de la France, avec tout le reste de son corps dans la châsse ; dont ils allèrent ensuite rendre compte au roi qui y prenait grand intérêt.

CHAPITRE III.

De la nouvelle châsse de sainte Geneviève, qui fut faite du temps de saint Louis.

La châsse que saint Éloi avait faite pour enfermer les précieuses reliques de sainte Geneviève, ayant été descendue plusieurs fois pour être portée en procession, se trouva du temps de saint Louis rompue en tant d'endroits, et si gâtée, après avoir duré six cents ans, qu'elle n'était plus dans un état convenable, ni digne du trésor qu'elle contenait. L'abbé de Sainte-Geneviève et les religieux en ayant de la confusion, prirent la résolution en 1230 d'en faire une nouvelle, et ils commencèrent à amasser de l'or, de l'argent et des pierreries pour l'enrichir ; mais la nécessité des affaires domestiques qui leur survinrent et la mort de l'abbé Herbert qui arriva, les mirent hors d'état d'exécuter de sitôt ce qu'ils avaient projeté. La gloire en fut réservée à Robert son successeur qui en ayant conclu le marché avec un orfévre nommé Bonnard, y fit travailler avec tant de diligence, qu'elle fut achevée en la même année 1242, comme elle se voit à présent. On y employa 193 marcs d'argent à 45 sols parisis le marc, et 8 marcs et demi d'or à 16 livres parisis le m: rc ; l'ouvrier eut pour sa façon, et pour quelques pierreries qu'il avait fournies, 200 livres.

Cette châsse ayant été ainsi achevée, on résolut d'y transporter le corps de sainte Geneviève. Le 28 octobre auquel on célébrait sa première translation fut choisi pour en faire la cérémonie le plus secrètement qu'il se pourrait, afin d'empêcher le concours du peuple. Ils la firent donc la nuit entre Matines et Laudes. Après que les religieux, prosternés sur le sanctuaire étant nu-pieds, eurent récité les sept Psaumes avec les autres prières, et que quatre prêtres revêtus d'aubes eurent descendu la châsse qu'ils posèrent sur le grand autel, on en fit l'ouverture, et ils trouvèrent dedans un coffre de bois fort entier et bien fermé; ils eurent une sainte curiosité de l'ouvrir, et ils y virent les os de leur sainte patronne enveloppés dans des linges et dans un satin blanc. L'abbé revêtu pontificalement, ayant pris la tête entre ses mains, la baisa et la fit baiser à tous ses religieux; puis, l'ayant remise, il fit refermer le coffre de bois, qui fut posé aussitôt dans la nouvelle châsse. Il se trouva si juste, que quand on en aurait pris la mesure, il ne le pouvait être davantage; ce qui fut attribué à une espèce de miracle. Ceux qui contribuèrent le plus à la confection de cette nouvelle châsse, furent Robert de Courtenay qui donna 10 marcs d'argent; Hugues d'Athis, grand panetier de France, 20 livres; Nicolas de Roye, évêque de Noyon, 80 livres; Guillaume de Sainte-Marie, évêque d'Avranches, 20 livres.

Cette châsse ayant été depuis portée plusieurs fois en procession l'espace de quatre cents ans, eut encore la même disgrâce qu'auparavant; d'où vient que se trouvant gâtée et rompue en plusieurs endroits, Benjamin de Brichanteau, abbé régulier de Sainte-Geneviève et évêque de Laon, la fit raccommoder en 1614. Ce fut en cette occasion que plusieurs dames de Paris et de la cour signalèrent leur dévotion envers sainte Geneviève par des présents de pierreries qu'elles firent pour orner cette châsse; mais surtout la reine mère, Marie de Médicis, qui donna ce riche bouquet d'or et de diamants, qui brille sur le haut de ce précieux reliquaire.

Comme il y avait une lampe qui brûlait continuellement devant le tombeau de sainte Geneviève, on entretenait aussi un cierge toujours allumé devant sa châsse. Il y avait une censive en la rue de Richebourg qui s'appelait la censive du cierge de sainte Geneviève. Les rois et les princes qui faisaient des vœux à cette sainte patronne de la France y présentaient souvent des cierges. On trouve qu'en l'an 1572, la duchesse de Lorraine, fille du roi Henri II, faisant une neuvaine devant la châsse, en offrit un du poids de cinquante livres. Et quelque temps après, le roi Henri III envoya un jésuite nommé le P. Edmond Augier, dit de Sainte-Foi, prédicateur et confesseur de Sa Majesté, pour y faire pareillement une neuvaine, et y présenta un cierge de même poids; cette pratique était si ancienne qu'on lit dans le livre manuscrit de ses miracles, faits avant l'an 870, qu'un aveugle étant venu en dévotion au pied de sa châsse, pour y recouvrer la vue par son intercession, lui offrit deux cierges dont chacun était aussi pesant que lui.

CHAPITRE IV.

La châsse de sainte Geneviève a été portée plusieurs fois en procession pour des nécessités publiques.

Le peuple de Paris ayant toujours considéré sainte Geneviève comme la protectrice de leur ville, et plus particulièrement encore depuis qu'elle eut repoussé Attila de ses murailles, il a eu recours à son intercession dans ses plus pressantes nécessités, en portant sa châsse avec celle de saint Marcel en procession dans l'église cathédrale.

1. On trouve que cette dévotion était déjà en usage sous la seconde race de nos rois. On lit dans Abbo, qui a décrit en vers le siége que les Normands mirent

devant la ville de Paris, en 887, que la châsse de sainte Geneviève, qui probablement était renfermée dans la ville aussi bien que celle de saint Germain pour plus grande sûreté, fut portée en procession à Notre-Dame.

2. La seconde procession fut celle qui se fit du temps de Louis le Gros, l'an 1130, en faveur des malades des ardents qui furent tous guéris par la présence de cette précieuse châsse, excepté trois qui manquaient de foi. On bâtit en mémoire d'un si grand miracle l'église de Sainte-Geneviève-des-Ardents qu'on donna à son abbaye.

3. L'an 1206, elle fut portée sous le règne de Louis le Jeune pour les grandes eaux. Le Petit-Pont en ayant été si fort ébranlé qu'il menaçait ruine, la châsse de sainte Geneviève ne laissa pas de passer par-dessus, et tout le peuple la suivit en allant et retournant avec une grande confiance ; mais à peine fut-elle rentrée dans l'église que le pont tomba sans que personne en reçût aucun dommage.

4. 5. Environ l'an 1240 et 1242, pour les pluies continuelles de l'été qui empêchaient de recueillir les blés ; ensuite la pluie cessa et le temps devint fort serein, comme il est presque toujours arrivé, quoiqu'il n'ait pas été toujours remarqué.

6. L'an 1245 ou environ, Robert, comte d'Artois, frère de saint Louis, étant tombé dangereusement malade à Gonesse, on porta la châsse à Notre-Dame, et le prince se trouva guéri à l'heure même que la procession se faisait.

7. L'an mil deux cent quatre-vingt trois pour l'inondation des eaux, il arriva une chose fort singulière en cette procession, savoir : une colombe blanche accompagna la châsse de sainte Geneviève depuis son église jusqu'à Notre-Dame, se reposa sur le

grand portail tant qu'elle demeura dans l'église cathédrale, et l'accompagna encore jusqu'à son église, puis disparut.

8. L'an mil trois cent vingt-cinq, le sixième juillet, pour obtenir de Dieu la sérénité du temps.

9. L'an mil trois cent quarante-sept, les Anglais ayant mis le siége devant Calais sous Philippe de Valois, on porta la châsse pour implorer l'assistance du ciel ; la reine Jeanne de Bourgogne assista à la procession.

10. L'an mil trois cent soixante-dix-sept. On n'en sait pas le sujet ; mais on sait seulement que le roi Charles V s'y trouva avec les ducs d'Orléans et de Bourgogne.

11. L'an mil quatre cent dix, le quatorzième décembre, pour apaiser les guerres civiles qui s'étaient émues entre les Bourguignons et les Armagnacs.

12. L'an mil quatre cent douze, le neuvième juillet, pour les troubles civils et les autres nécessités publiques.

13. L'an mil quatre cent dix-sept, le vingt-deuxième août, pour le même sujet.

14. L'an mil quatre cent vingt-un, le douzième août, pour la paix.

15. L'an mil quatre cent vingt-trois, le vingt-huitième octobre, pour obtenir du beau temps.

16. L'an mil quatre cent vingt-sept, le deuxième juillet, pour la guerre des Anglais et le siége d'Orléans.

17. L'an mil quatre cent trente-six, au mois d'avril, pour la réduction de Paris entre les mains de Charles septième.

18. L'an mil quatre cent cinquante-six, le dernier jour d'août. On n'en sait pas le sujet.

19. L'an mil quatre cent soixante-six, au mois de septembre, pour la grande mortalité.

20. L'an mil quatre cent soixante-dix-huit, le dix-huitième juin, il se trouve que l'évêque de Nevers, à la prière de l'abbé de sainte Geneviève qui était malade, y tint sa place revêtu de ses habits pontificaux.

21. L'an mil quatre cent quatre-vingt-un, pour la maladie du roi, et autres nécessités publiques.

22. L'an mil quatre cent quatre-vingt-onze, le premier septembre, pour la guérison du roi Louis onzième.

23. L'an mil quatre cent quatre-vingt-seize, le douzième janvier, pour l'inondation des eaux. Erasme, qui assista à cette procession, témoigne que le ciel devint ensuite fort serein.

24. L'an mil cinq cent cinq, le vingt-huitième juillet, pour faire cesser les pluies.

25. L'an mil cinq cent neuf, le vingt-cinquième mai, pour la prospérité des armes du roi Louis XII et sa conservation au voyage d'Italie.

26. L'an mil cinq cent douze, le premier juillet, pour la prospérité du roi et du royaume.

27. L'an mil cinq cent treize, le quatorzième juillet, pour le succès des armes du roi Louis XII contre les Anglais.

28. L'an mil cinq cent dix-sept, le sixième juin, sous le règne du roi François Ier.

29. L'an mil cinq cent vingt-deux, le dixième juin, pour le beau temps et pour la paix.

30. L'an mil cinq cent vingt-trois, le septième août, pour la prospérité des armes du roi et le recouvrement du Milanais.

31. L'an mil cinq cent vingt-quatre, le vingt-quatrième mai, à cause des grandes sécheresses.

32. L'an mil cinq cent vingt-sept, le dernier mai, pour obtenir le beau temps.

33. L'an mil cinq cent vingt-huit, le septième juillet, pour les nécessités publiques.

34. L'an mil cinq cent vingt-neuf, le septième juillet, pour la paix entre François Ier et Charles-Quint, qui fut conclue par le traité de Cambrai.

35. L'an mil cinq cent trente, le dix-neuvième janvier, pour faire retirer les eaux, qui commencèrent à diminuer dès le même jour. L'abbé de saint Magloire, qui était évêque, y tint la place de l'évêque de Paris absent, à sa prière, et dit la messe dans Notre-Dame.

36. L'an mil cinq cent trente-quatre, le vingt-un janvier, pour l'extinction de l'hérésie.

37. L'an mil cinq cent trente-cinq, le treizième juillet, pour faire cesser les pluies.

38. L'an mil cinq cent trente-six, le dix-septième août, pour faire lever le siége de Péronne, ce qui arriva ensuite.

39. L'an mil cinq cent quarante-un, le vingt-quatrième juillet, pour obtenir le beau temps.

40. L'an mil cinq cent quarante-deux, le dix-septième juillet, pour l'extinction de l'hérésie, et pour la paix entre François Ier et Charles-Quint, empereur.

41. L'an mil cinq cent quarante-trois, pour obtenir le beau temps, et pour la prospérité des armes du roi aux Pays-Bas.

42. L'an mil cinq cent quarante-huit, le vingt-troisième octobre, à cause de la grande sécheresse.

43. L'an mil cinq cent quarante-neuf, le quatorzième juillet, contre les hérétiques.

44. L'an mil cinq cent quarante-un, le treizième juin, pour la conservation des fruits de la terre.

45. L'an mil cinq cent cinquante-un, le dix-hui-

tième novembre, pour la conservation de la religion catholique en ce royaume.

46. L'an mil cinq cent cinquante-cinq, le vingt-quatrième juillet, à cause de l'intempérie de l'air.

47. L'an mil cinq cent cinquante-six, le treizième juillet, pour avoir de la pluie.

48. L'an mil cinq cent cinquante-sept, le dix-neuvième septembre, pour les maladies et les calamités publiques.

49. L'an mil cinq cent cinquante-neuf, le neuvième juillet, pour la guérison du roi Henri II, blessé aux tournois. On n'y sonna point de cloches, à cause du deuil public.

50. L'an mil cinq cent soixante, le trentième juin, à cause des pluies trop fréquentes.

51. L'an mil cinq cent soixante-deux, le vingt-unième juin, pour les guerres civiles.

52. L'an mil cinq cent soixante-trois, pour la levée du siége d'Orléans fait par les hérétiques.

53. L'an mil cinq cent soixante-quatre, le vingt-deuxième juillet, pour faire cesser les pluies.

54. L'an mil cinq cent soixante-quatre, le quinzième septembre; le sujet n'en est pas marqué.

55. L'an mil cinq cent soixante-six, le septième juillet, pour obtenir le beau temps. Le roi Charles IX y assista avec les chevaliers de l'ordre de Saint-Michel, et toute la cour. Durant la procession on vit, l'espace d'un quart d'heure, une étoile fort brillante paraître au ciel.

56. L'an mil cinq cent soixante-sept, le vingt-troisième juin, pour obtenir de la pluie.

57. L'an mil cinq cent soixante-sept, le vingt-septième novembre, pour le succès des armes du roi contre les hérétiques. Sa Majesté y assista avec toute la cour.

58. L'an mil cinq cent soixante-huit, le vingt-neuvième septembre, pour la santé du roi et la prospérité de ses armes.

59. L'an mil cinq cent soixante-dix, le dixième septembre, pour l'extinction de l'hérésie et la sérénité du temps. Le roi y envoya le duc de Montpensier pour tenir sa place.

60. L'an mil cinq cent soixante-treize, au mois de juin, pour le succès du siége de la Rochelle, et pour apporter remède à la famine, qui était telle que le setier de blé valait vingt-quatre livres; les cardinaux de Bourbon, de Guise et de Lorraine, y assistèrent.

61. L'an mil cinq cent soixante-dix-sept, le quatorzième juillet, pour la victoire contre les Huguenots, et pour la sérénité du temps; les pluies cessèrent en effet. Le cardinal de Bourbon dit la messe à Notre-Dame.

62. L'an mil cinq cent quatre-vingt-deux, le neuvième décembre, qui arriva cette année au quatrième dimanche de l'Avent, à cause des dix jours retranchés au calendrier; pour la conservation du roi et la fécondité de la reine.

63. L'an mil cinq cent quatre-vingt-quatre, le troisième juin, pour obtenir de la pluie, qui tomba ensuite en très-grande abondance.

64. L'an mil cinq cent quatre-vingt-sept, le neuvième juillet, pour la cessation des pluies qui duraient depuis un mois. Le temps devint ensuite fort beau, et la récolte fut si abondante, que le blé qui avait valu jusqu'à quarante livres le setier vint à un prix fort médiocre.

65. L'an mil cinq cent quatre-vingt-neuf, le douzième mai, pour les calamités publiques.

66. L'an mil cinq cent quatre-vingt-dix, le pre-

mier avril, pour maintenir la religion catholique, et pour les biens de la terre.

67. L'an mil cinq cent quatre-vingt-quatorze, le dix-septième mars, pour faire cesser les pluies. Le légat du Pape y assista.

68. L'an mil cinq cent quatre-vingt-quatorze, le vingt-quatrième juillet, pour faire encore cesser les pluies qui empêchaient la récolte des blés.

69. L'an mil cinq cent quatre-vingt-quinze, le vingt-deuxième novembre, pour remercier Dieu de la conversion du roi Henri IV. M. le cardinal de Gondi célébra la messe à Notre-Dame.

70. L'an mil cinq cent quatre-vingt-seize, le vingt et unième avril, pour faire lever le siége de Calais assiégé par les Anglais, ce qui arriva ensuite.

71. L'an mil cinq cent quatre-vingt-dix-sept, le treizième juillet, pour la prospérité des affaires du roi.

72. L'an mil cinq cent quatre-vingt-dix-neuf, le cinquième août, pour obtenir de la pluie.

73. L'an mil six cent trois, le premier juin, pour la santé de monseigneur le Dauphin : comme la procession retournait, il s'y rencontra une chaîne de galériens en la montagne de Sainte-Geneviève, l'un desquels ayant demandé avec instance à la sainte de pouvoir baiser sa châsse, ses chaînes se rompirent à la vue de tout le peuple, qui demanda pour lui la liberté que le ciel lui accordait

74. L'an mil six cent onze, au mois de juin, pour obtenir de la pluie.

75. L'an mil six cent quinze, le vingt et unième juin, pour le même sujet.

76. L'an mil six cent vingt-cinq, le vingt-sixième juillet, pour faire cesser les pluies continuelles. Mon-

sieur le cardinal de la Rochefoucault, abbé de Sainte-Geneviève, y assista revêtu pontificalement.

77. L'an mil six cent cinquante-deux, le onzième juin, pour la paix et le retour du roi dans Paris, qui y revint bientôt après.

78. L'an mil six cent soixante-quinze, le dix-neuvième juillet, à cause des pluies continuelles qui cessèrent en même temps.

79. L'an mil six cent quatre-vingt-quatorze, pour les nécessités publiques.

80. L'an mil sept cent neuf, pour la famine, la guerre et les nécessités publiques.

81. L'an mil sept cent vingt-cinq, le cinq juillet, pour les pluies. La veille de ce jour, l'assemblée du clergé de France qui se tenait aux Grands-Augustins, se rendit processionnellement à Sainte-Geneviève.

82. L'an mil sept cent soixante-cinq, pour le rétablissement de la santé du Dauphin. Cette procession fut la dernière ; elle eut lieu le 16 décembre.

CHAPITRE V

Des cérémonies qui s'observent avant et au jour de la descente et procession de la châsse de sainte Geneviève, patronne de Paris et de la France, avec le jour et les années qu'elle a été portée (*).

Suivant les plaintes que M. le prévôt des marchands et échevins de la ville de Paris reçoivent au sujet des nécessités publiques, et excités par la voix des peuples, sont obligés de remontrer à MM. du parlement les besoins pressants de recourir à Jésus-Christ par l'intercession de sainte Geneviève leur patronne, et

(*) Tiré d'un ouvrage conservé à la bibliothèque de l'Hôtel-de-Ville de Paris.

lui demander la descente de sa châsse. Sur quoi la cour ayant délibéré sur le réquisitoire du procureur général, ordonne que la châsse sera découverte, et que le prévôt des marchands et échevins de cette ville en informeront l'archevêque de Paris, afin que par ses ordres les processions se fassent, et que l'abbé de Sainte-Geneviève en soit averti.

Aussitôt l'arrêt rendu, cette précieuse relique est découverte par les religieux.

M. l'archevêque de Paris ayant entendu le procureur général et le prévôt des marchands et les échevins, ordonne des prières et des processions pour implorer l'assistance du ciel pour toutes les nécessités publiques pendant plusieurs jours, qui se font en la cathédrale et ensuite à Sainte-Geneviève.

Les nécessités publiques continuant, intervient un autre arrêt sur le réquisitoire des gens du roi qui ordonne que la châsse sera descendue et portée en procession en la manière accoutumée, que le parlement y assistera en robes rouges, que le procureur général en donnera avis à M. l'archevêque et à l'abbé, et conviennent ensemble du jour; ensuite M. le premier président se transporte en l'abbaye, où il fait savoir à l'abbé et aux religieux les intentions du roi pour la descente de la châsse; après quoi on se dispose de part et d'autre à cette cérémonie, et l'on détermine le jour qu'elle sera portée.

M. l'archevêque ordonne par un mandement que l'on fera pendant trois jours des processions particulières qui seront précédées par celle de la cathédrale, ensuite par les abbayes, chapitres, paroisses et couvents ; ordonne encore, pour se préparer à cette sainte action, un jour de jeûne, qui sera gardé de commandement, avec abstinence de viande la veille de la descente de la châsse. Suivant ce mandement,

MM. du chapitre de Notre-Dame, accompagnés de leurs églises et reliques, viennent célébrer la messe le premier jour : sur la fin de la messe, M. l'archevêque de Paris ou le doyen avec les chanoines entrent au chapitre de cette abbaye, où ayant pris le côté droit, et l'abbé avec ses religieux le côté gauche, l'archevêque ou le doyen fait un discours pour exposer les besoins de recourir aux secours du ciel, et prier d'accorder aux instances du peuple la descente et la procession de la châsse. A quoi l'abbé répond qu'ayant égard à la pressante nécessité et aux vœux des peuples, il est prêt à satisfaire à ce qu'ils désirent : ils conviennent ensemble du jour de la descente et de la procession.

Le jour étant arrêté, on dispose le tout pour cette cérémonie, les religieux par des prières continuelles, et par un jeûne de trois jours avant la descente de la châsse. Les porteurs de la châsse sont avertis par l'ordre qu'en donne le trésorier de l'abbaye du jour de la descente, afin qu ils se disposent à la confession et communion.

La veille de la descente, sur les deux heures après midi, les officiers du guet viennent s'emparer des portes et des clefs de l'église et de l'abbaye, pour la garder jusqu'à ce que toute la cérémonie soit faite.

On commence ce même jour à dire les vêpres solennellement à deux heures, l'abbé y officiant pontificalement ainsi qu'à matines, laudes, qui se disent le soir.

A onze heures on sonne la plus petite cloche, après quoi les religieux entrent au chœur récitant les heures canoniales, lesquelles finies, ils montent tous au sanctuaire nu-pieds, où ils se prosternent sur des tapis. L'abbé étant à l'autel revêtu pontificalement avec ses ministres, commence les sept psaumes de la pénitence que les religieux continuent, et ensuite les litanies des saints avec les oraisons, lesquelles étant finies, ils disent tous le *Confiteor*, et reçoivent l'absolution de l'abbé.

Pendant ces prières deux religieux, revêtus d'aubes et d'étoles, étant montés au haut des colonnes, disposent la châsse pour la descendre; et quatre des plus anciens religieux la reçoivent avec leurs surplis et étoles, l'attendant en bas: en sorte qu'aussitôt que le chantre a commencé un répons, cette précieuse relique est enlevée en l'air et en même temps descendue.

Les officiers du Châtelet étant là en habit de cérémonie s'en emparent, la gardent et en répondent par écrit.

La châsse étant posée sur une table préparée à cet effet, l'abbé et ses ministres s'approchent et lui donnent de l'encens, la baisent et ensuite tous les autres religieux, lesquels après étant retournés au chœur, on commence sur les trois heures la messe pontificalement, où l'abbé communie tous les religieux, hors celui qui doit dire la messe et communier les porteurs de la châsse de sainte Geneviève.

La messe étant finie, les religieux se retirent, hormis six qui psalmodient auprès de la châsse jusqu'à ce que l'on commence la procession. Pendant ce temps on permet à ceux qui sont dans l'église de la venir baiser.

Les cours souveraines arrivent sur les sept à huit heures du matin; celle du parlement en robes rouges, précédée de ses huissiers, est reçue à la porte de l'église par deux religieux qui les conduisent à la châsse pour la leur faire baiser; ensuite ils les conduisent dans le chapitre pour s'y reposer. On en fait de même à la chambre des comptes et à la cour des aides, qui arrivent un peu après en leurs habits de cérémonie, et sont conduites, l'une à la salle des papes, l'autre à la salle des abbés. Ensuite arrive la procession de l'église cathédrale au portail de Sainte-Geneviève, où sont les porteurs de ladite châsse qui attendent celle de saint Martel qui leur est délivrée par les porteurs, et la portent ensuite auprès de celle de sainte Geneviève, comme pour la saluer, puis la déposent sur le grand autel.

Les églises collégiales, celles de l'archevêque et de la cathédrale, précèdent le clergé de Notre-Dame; entrés tous dans le chœur où l'archevêque se met en la première chaire du côté droit, les religieux, nu-pieds, se mettent de l'autre côté, avec leur abbé revêtu pontificalement; les chantres de la cathédrale ayant chanté l'antienne de saint Pierre, saint Paul, sainte Geneviève, l'archevêque dit les oraisons; pendant ce temps le prévôt des marchands, avec les échevins et autres officiers de la ville qui accompagnent la procession de Notre-Dame, s'avancent et vont baiser la châsse, et ensuite entrent dans l'abbaye comme les autres compagnies.

Après que les chanoines de Notre-Dame ont chanté leurs antiennes, le chantre de Sainte-Geneviève commence celle de saint Marcel et l'abbé dit l'oraison. Pendant ces cérémonies, les processions marchent, savoir : les Cordeliers, les Augustins, les Jacobins, les Carmes, le chapitre de Saint-Étienne-des-Grès, avec les confrères de Notre-Dame de Bonne-Délivrance; les prêtres de l'Oratoire, portant la châsse de saint Magloire; les religieux de Saint-Martin-des-Champs, celle de saint Maxence; les chanoines du Saint-Sépulcre, et les Barnabites, ayant celle de sainte Aure; le chapitre de Saint-Honoré, celle du même saint; celui de Saint-Germain-l'Auxerrois, celle de saint

Landry; celui de Saint-Marcel, la châsse de saint Clément; les chapitres de Saint-Méry et Sainte-Opportune, avec les leurs; les croix des Filles-de-Notre-Dame à gauche, suivies de celle de la cathédrale et de celle de saint Médard; saint Étienne à l'opposite, ensuite celle de l'abbaye, et après les châsses de saint Marcel et de sainte Geneviève vis-à-vis de laquelle est le trésorier de Sainte-Geneviève, tenant à la main sa baguette de cérémonie : elle est aussi accompagnée et environnée des officiers du Châtelet.

Ces deux châsses, savoir : celle de saint Marcel est portée par les porteurs de celle de sainte Geneviève, ainsi que celle de sainte Geneviève par ceux de saint Marcel, jusqu'au parvis de l'église où chacun prend la sienne. Des deux côtés de ces châsses marche le clergé, savoir : les chanoines de Notre-Dame, précédés de leurs églises, à gauche; et ceux de Sainte-Geneviève à droite, nu-pieds et chantant seuls durant le cours de la procession, étant aussi précédés des paroisses de Saint-Étienne et Saint-Médard; l'archevêque de Paris étant à gauche et l'abbé de Sainte-Geneviève à droite, tous deux vêtus pontificalement, et donnant la bénédiction conjointement par toutes les rues; suit immédiatement la cour du parlement, qui tient la droite avec la cour des aides; la chambre des comptes et les officiers de la ville à gauche, en habits de cérémonie.

Vers le Petit-Pont, les porteurs de la châsse de sainte Geneviève prennent celle de saint Marcel, et ceux de saint Marcel celle de sainte Geneviève, et les portent aux lieux destinés dans le chœur de Notre-Dame. La procession passe par les rues de Saint-Étienne-des-Grès, de Saint-Jacques-Petit-Pont, rue Neuve-Notre-Dame, et entre en cet ordre dans la cathédrale. Les châsses sont posées sur des tables dressées dans le sanctuaire; l'Archevêque se place sur son trône et l'abbé à la première chaire du côté droit. Ensuite, M. le premier président et les autres présidents à mortier et conseillers jusqu'au milieu des chaires, le reste tant en haut qu'en bas étant occupé par les religieux et les officiers du Châtelet. Du côté gauche est le doyen de Notre-Dame, à la première chaire le premier président et maître de la Chambre des comptes ; ensuite la cour des aides, les officiers de l'Hôtel-de-Ville et les chanoines de Notre-Dame.

On commence ensuite la messe, qui est célébrée pontificalement par Mgr l'Archevêque, assisté des religieux de Sainte-Geneviève, faisant les fonctions de diacre et sous-diacre, tant d'office que d'honneur. Le chantre de Sainte-Geneviève tient le chœur avec un de Notre-Dame , tous deux en chapes ; la messe est chantée partie par la musique, et partie par les religieux, dont quatre chantent l'*Alleluia*, en chapes, de même que quatre de Notre-Dame disent le Graduel et le trait *Domine non secundum*, et l'antienne de sainte Geneviève ; le chantre de l'abbaye commence le *Salve Regina*. Alors les processions commencent à sortir en l'ordre qu'elles sont venues : les porteurs de Sainte-Geneviève prennent la châsse de saint Marcel, et ceux de Saint-Marcel celle de sainte Geneviève, les chanoines de Notre-Dame avec l'Archevêque à droite et ceux de Sainte-Geneviève à gauche, continuant de donner la bénédiction tant dedans l'église que dehors.

Quand ils sont arrivés à Sainte-Geneviève des Ardents, les porteurs de Sainte Geneviève et de Saint-Marcel reprennent chacun leur châsse, qu'ils font incliner l'une vers l'autre pour se dire adieu, comme font pareillement l'Archevêque et l'abbé, ainsi que le font les deux clergés de Notre-Dame et de Sainte-Geneviève.

Mgr l'Archevêque retourne à Notre-Dame avec son clergé et l'abbé de Sainte-Geneviève continue son chemin. Alors la procession n'est composée que des Quatre-Mendiants, des religieux de Sainte-Geneviève, des paroisses de Saint-Etienne, de Saint-Médard, à droite, ayant les chanoines de Saint-Marcel, avec les paroisses de Saint-Martin et Saint-Hippolyte, à gauche : le doyen de cette collégiale allant vis-à-vis du prieur de Sainte-Geneviève, l'abbé tenant le dernier lieu et donnant la bénédiction partout le chemin passant, Galande, la place Maubert et la montagne Sainte-Geneviève. La châsse étant rentrée dans l'église au son des cloches et des orgues, l'abbé monte au sanctuaire où il demeure à genoux, pendant que le chœur chante et qu'on élève et remonte la châsse, qui est remise à sa place par les deux religieux qui l'ont descendue, et en présence des officiers du Châtelet; après quoi cette pieuse cérémonie se termine par la bénédiction que donne l'abbé à tout le peuple.

CHAPITRE VI.

De la dévotion très-ancienne que les rois, les princes et les peuples ont eue envers sainte Geneviève.

Ce n'a pas été seulement en France qu'on a eu soin de tout temps de cultiver la dévotion envers sainte Geneviève, et d'ériger des églises et des autels sous son nom ; mais elle s'est encore signalée dans les pays étrangers. Nous lisons dans l'histoire de sainte Begge, qui vivait au pays d'Austrasie au commencement du septième siècle, aussi illustre par sa naissance que par sa sainteté, qu'elle fit bâtir dans l'église de son monastère d'Andain une chapelle sous l'invocation de sainte Geneviève, où ses filles étaient consacrées à Dieu. Saint Trudon, qui vivait aussi en ce pays-là au même siècle, avait pareillement dans son monastère une chapelle dédiée à cette sainte, où il passait d'ordinaire les nuits en prières.

Le peuple de Paris fit bien connaître l'estime qu'il en faisait, lorsque la châsse, après avoir été l'espace de cinq ans hors de leur vil'e pour la mettre à couvert du pillage des Normands, y fut rapportée comme en triomphe, l'an 862. Le clergé, suivi de tout le peuple, sortit hors de ses murailles, et alla bien loin au-devant d'elle, chantant des cantiques avec une joie qui ne se peut exprimer.

Les présents et les dons que les rois Dagobert, Charlemagne et autres de la première et de la seconde race ont faits à son abbaye, sont des marques publiques de leur vénération pour cette grande sainte, qu'ils considéraient comme la patronne de leur royaume, et particulièrement de la ville capitale.

Hugues Capet, au commencement de la troisième race, vint offrir sur son autel les biens et les droits qui avaient été ravis à ses ministres, et que Clovis leur fondateur avait ôtés aux prêtres des idoles pour les leur donner.

Robert avait sucé la dévotion de sainte Geneviève avec le lait de sa mère qui mettait en elle toute sa confiance, et, pour en donner des témoignages publics, il fit présent d'un parement d'or à son autel.

Louis le Jeune fit bien connaître, par l'indignation qu'il conçut sur le rapport qu'on lui fit que la tête de cette sainte vierge avait été enlevée, en quelle estime il l'avait.

Jean de Joinville rapporte en la *Vie de saint Louis* que ce prince était fort dévot à sainte Geneviève, et qu'il implorait son secours en ses besoins. La reine Blanche, sa mère, lui avait inspiré sans doute cette dévotion qu'elle accompagna de plusieurs bienfaits envers son église, où l'on fait encore tous les ans son anniversaire, le 28 novembre, avec celui de Clovis, son fondateur.

La comtesse de Valois, femme de Charles de Valois, frère de Philippe le Bel, eut tant de vénération et d'amour pour sainte Geneviève qu'elle fit mettre sa vie en vers français, qui se voit dans un manuscrit de son abbaye, et dont voici le commencement :

Madame de Valois me prie
Qu'en romans mette la vie
D'une vierge qu'elle moult amie,
Geneviève la nomme et clamie.

Charles VI avait une si grande confiance en sainte Geneviève que pendant sa maladie il ne buvait pas d'autre eau que celle de son puits.

Louis XI, qui réclamait tous les saints étant malade, n'oublia pas sainte Geneviève. Il est remarqué que le dernier jour d'août de l'an 1467 il envoya 13 écus d'or pour faire dire des messes à son tombeau en son intention, et fit mettre son effigie en cire auprès de la châsse.

On trouve aussi que le duc de Bourgogne, comte de Flandres, était fort dévot à sainte Geneviève, et que lorsqu'il était à Paris, il venait souvent visiter son tombeau.

La reine Catherine de Médicis eut recours à son assistance, lorsqu'elle vit le roi son mari blessé à mort au Carrousel, et fit porter sa châsse en procession.

Son fils, Charles IX, implora aussi souvent son secours contre les hérétiques qui troublaient son royaume.

Henri III, son frère, qui fit plusieurs processions,

mit une de ses principales stations en l'église de Sainte-Geneviève, et y marqua assez sa dévotion quand il y envoya un cierge du poids de cinquante livres, aussi bien que sa sœur la duchesse de Lorraine ; et sa femme Louise de Lorraine y fit présent d'une chasuble et d'un parement qui étaient son ouvrage.

Marie de Médicis offrit à sa châsse ce riche bouquet de diamants dont j'ai déjà parlé, et une lampe d'argent, et sa fille la duchesse de Savoie, à son imitation, y donna une grande croix d'or garnie de cinq belles turquoises.

Louis XIII fit présent des colonnes de marbre pour soutenir sa châsse, et fit composer un office de cette sainte qu'il récitait fort souvent.

La reine Anne d'Autriche sa femme envoya en la chapelle de Sainte-Geneviève de Nanterre une chasuble et un parement faits des langes bénits que le pape Urbain VIII avait envoyés pour monseigneur le Dauphin Louis le Grand, notre invincible monarque.

Ce grand prince voyant, en mil six cent soixante-quatre, la reine son épouse dans un péril imminent de sa vie, vint implorer le secours de sainte Geneviève pour une santé si précieuse à l'Etat, dont on vit aussitôt de favorables effets.

Madame la Dauphine est venue cette année en sa chapelle de Nanterre demander son assistance durant sa grossesse, qui a été fort heureuse, et y a offert une lampe d'argent.

Enfin la reine d'Espagne, pour la dévotion qu'elle porte à sainte Geneviève, a voulu prendre son nom à la confirmation.

CHAPITRE VII.

De la confrérie des porteurs de la châsse de sainte Geneviève.

Pendant que la châsse de sainte Geneviève était plus légère, et qu'elle n'était pas si chargée d'or, d'argent et de pierreries qu'elle est à présent, il n'y avait que deux ou au plus quatre religieux pour la porter en procession, comme on le voit dans les anciennes figures; mais, depuis que sa confrérie fut érigée l'an mil quatre cent douze, on prit seize notables bourgeois des plus qualifiés de la compagnie pour faire cette fonction, afin de satisfaire aux insistances qu'ils en firent, en sorte néanmoins qu'il y avait quatre religieux des plus anciens qui mettaient la main aux quatre bâtons du brancard pour en être les porteurs honoraires.

Ces porteurs ne furent que seize au commencement; mais on les a augmentés jusqu'au nombre de vingt-quatre qui sont appelés attendants, pour succéder en leur rang aux serreporteurs, et pour les soulager quand ils sont en fonction et qu'ils portent la châsse. Ils doivent être pris dans la grande confrérie de Sainte-Geneviève, où ils doivent être inscrits avant que d'être reçus dans celle des porteurs.

L'habit qu'ils portent en cette cérémonie est celui des anciens pénitents : ils ont la tête et les pieds nus, et sont couverts d'un habit de toile fait en aube que les anciens appelaient sac ou cilice.

Aucun n'est admis en cette compagnie qu'il ne soit irréprochable en sa vie et en ses mœurs, et s'il venait à tomber en quelque faute considérable, il en serait exclu.

Le pape Clément VIII a accordé plusieurs indulgences à cette compagnie, qui reçoit encore sans doute beaucoup de faveurs et de bénédictions du ciel par les intercessions de cette sainte vierge, au service de laquelle ils se sont dévoués.

LIVRE TROISIÈME (*)

CHAPITRE PREMIER.

De l'ancienne église de Sainte-Geneviève.

« Entre les maisons les plus anciennes et signalées « de la très-noble et fameuse ville de Paris, siége « des rois de France, l'église et abbaye de madame « saincte Geneuiefue, sans doute, tient l'un des pre- « miers rangs, car personne n'est ignorant qu'elle ayt « esté fondée avec une splendeur et excellence non « pareille par le grand Clovis, roi de France et pre- « mier chrestien qui la fit bastir l'an de J.-C. 499 et « depuis enrichie et augmentée par sainte Clothe (**), « son espouse, décorée par les rois et privilégiée par « les papes et aymée d'un chacun chrestien (***). »

La basilique élevée par Clovis porta d'abord les noms de Saint-Pierre et Saint-Paul ; sous la seconde race de nos rois, on y joignit celui de sainte Geneviève qui y avait été inhumée, et sous la troisième race elle ne fut plus désignée que sous ce dernier nom.

(*) Nous avons cru devoir continuer jusqu'à nos jours le récit des faits qui se rattachent à la châsse et aux églises de sainte Geneviève, et, pour présenter un ensemble complet et facile à saisir, nous avons été obligés de revenir une seconde fois sur des événements dont il est déjà fait mention dans l'édition du Père Lallemant.

(**) Clotilde.

(***) *Histoire de madame saincte Geneuiefue*, par le Fr. Juge.

Austregise, abbé de Saint-Vandrille, mort en 832, est un des premiers écrivains qui donnent à la basilique de Saint-Pierre et Saint-Paul le nom de Sainte-Geneviève, qu'elle conserva toujours depuis. Le souvenir des saints apôtres resta pourtant uni à celui de la patronne du royaume, nous en avons des preuves irrécusables. Ainsi :

Une charte de la fin du dixième siècle ou du commencement du onzième, par laquelle Robert le Pieux prend sous sa protection royale les droits et propriétés de l'église des apôtres Saint-Pierre et Saint-Paul et de Sainte-Geneviève.

Une autre charte de Henri Ier publiée en 1035 par laquelle ce prince fait savoir que la congrégation des apôtres Saint-Pierre et Saint-Paul et de Sainte-Geneviève, fondée par Clovis son prédécesseur, roi de France, à l'exhortation de saint Remy, archevêque de Reims, l'a très-humblement supplié de l'honorer de sa protection royale

Ainsi encore :

Le sceau de l'abbaye au douzième siècle représentait un roi assis sur son trône ; autour était cette légende : *Sigillum ecclesiæ sancti Petri et Pauli et sanctæ Genovefæ.* Le contre-sceau donnait l'empreinte de sainte Geneviève à mi-corps et voilée.

Au milieu du quinzième siècle, nous trouvons le sceau de l'abbaye, donnant pour empreinte sainte Geneviève, saint Pierre et saint Paul, et au-dessous un abbé à genoux ayant à sa droite l'écu de France et à gauche ses armes particulières.

Dans des temps plus rapprochés de nous, le maître autel élevé par le cardinal de La Rochefoucauld dans l'église abbatiale de Sainte-Geneviève fut consacré sous l'invocation des apôtres saint Pierre et saint Paul et de sainte Geneviève.

De nos jours, la médaille que le Souverain-Pontife a donné par un bref le droit de porter aux Dames de Sainte-Geneviève présente d'un côté l'image des saints apôtres Pierre et Paul, et de l'autre celle de sainte Geneviève.

La basilique de Clovis fut consacrée par Remy, archevêque de Reims. Elle fut agrandie sous les princes mérovingiens, dévastée lors des invasions des Normands et restaurée après 143 ans environ, sous le roi Robert, l'an 1000.

Une seconde restauration et des embellissements eurent lieu en 1178 sous Etienne de Tournay, abbé de Sainte-Geneviève ; à la même époque fut élevé le clocher ou tour abbatiale.

L'an 1525, Guillaume le Duc, abbé de Sainte-Geneviève, fit rebâtir la chapelle de Sainte-Geneviève et commencer la construction de celle de Notre-Dame. Enfin, le cardinal de La Rochefoucauld, abbé de Sainte-Geneviève, accomplit de grands travaux pour la réparation et l'embellissement de l'église.

De grands souvenirs se lient dans tous les siècles à l'église de Sainte-Geneviève ; nous rappellerons seulement celui de l'an de grâce 1427. « Le pape « Eugène III du nom, disciple de saint Bernard et « moine de Clairvaux, venant à Paris, fut honorable- « ment reçu du roi Loys le Jeune, qui lui vint au- « devant auec l'Euesque dudict lieu et grande mul- « titude de clergé et de peuple... Or quelques tems « après il luy pleut de venir visiter l'église de Saincte « Geneuiefue, laquelle on nommait Apostolique « comme ne releuant que du Sainct Siége, et par un « même moyen aussi y célébrer la messe. » (*)

Cet antique monument de notre histoire chrétienne

(*) *Histoire de madame saincte Geneiuefue*, par le Fr. Juge.

et française, la basilique de Clovis, l'église des Saints-Apôtres, devenue l'église de la patronne de Paris et de la France, échappa au vandalisme révolutionnaire; elle fut démolie seulement en 1807. Sur son emplacement passe maintenant la rue Clovis.

La tour ou clocher subsiste seule encore aujourd'hui, et est enclavée dans les bâtiments du collége Henri IV.

De l'abbaye de Sainte-Geneviève.

Des historiens pensent que Clovis avait un palais près de la Basilique et que ce palais fut l'origine de l'abbaye; au moins paraît-il certain qu'elle était dès son origine desservie par des religieux. Au dixième siècle, ils se transformèrent en chanoines séculiers et furent remplacés en 1148 par des religieux de l'abbaye de Saint-Victor ; ceux-ci le furent eux-mêmes en 1624 par des religieux chanoines de Saint-Vincent de Senlis.

Le premier abbé connu de Sainte-Geneviève est Optat dont il est parlé dans le récit des miracles de sainte Geneviève. Il mourut en 533. La suite des abbés est un peu confuse jusqu'à l'époque de la sécularisation des religieux au neuvième siècle. Ils furent alors gouvernés par des doyens.

C'est à proprement parler du douzième siècle, et de l'époque de la venue des religieux de Saint-Victor, que date l'*abbaye royale de Sainte-Geneviève.*

Elle fut gouvernée successivement par 36 abbés à vie depuis Eudes en 1148 jusqu'au cardinal de la Rochefoucauld en 1644, et après lui par 54 abbés triennaires dont le dernier fut Claude Rousselet, mort en 1808.

L'abbaye de Sainte-Geneviève possédait de grands biens et des priviléges très-étendus, entre autres celui du droit d'asile. Elle était célèbre pour ses écoles de théologie, d'arts et de droit; beaucoup de colléges établis sur son territoire relevaient d'elle, entre autres celui de la Sorbonne, fondé en 1253. L'abbaye de Sainte-Geneviève peut donc avec quelque fondement être regardée comme le berceau de l'Université. L'abbé de Sainte-Geneviève fut dans l'origine supérieur et recteur de l'Université *. Il nommait un chancelier, pour le représenter, et nous voyons ce titre porté par le Père Lallemant, religieux de l'abbaye, dont nous venons de donner la traduction de la Vie de sainte Geneviève. Le chancelier de Sainte-Geneviève conférait le pouvoir d'enseigner dans toutes les parties du monde les arts, le droit et la théologie; plus tard, devant les pouvoirs égaux du chancelier de Notre-Dame et la puissance de la Sorbonne, l'abbaye de Sainte-Geneviève renonça à la faculté de licencier en théologie et conserva seulement les écoles des arts.

Ce fut le chancelier de Sainte-Geneviève, Jacques Aymery, qui reçut maître ès arts saint Ignace de Loyola et ses premiers compagnons.

L'abbaye de Sainte-Geneviève partagea le sort de toutes les communautés religieuses, et fut supprimée en 1790. La congrégation des chanoines de Sainte-Geneviève comprenait alors plus de cent monastères, soixante-sept abbayes, vingt-huit prieurés, des prévôtés, hôpitaux, cures, séminaires.

Un comité révolutionnaire siégea dans les bâtiments de l'abbaye ; ils furent depuis occupés, et le sont encore par le collége Henri IV.

(*) Aussi veritablement trouvons-nous qu'en cette montagne de saincte Geneuiefue, les études ont eu leur première force ou est encore aujourdhuy le fort de l'Université. (*Histoire de madame saincte Geneuiefue,* par le Fr. Juge)

De l'église actuelle de Sainte-Geneviève.

Malgré les travaux exécutés par le cardinal de La Rochefoucauld dans l'église abbatiale de Sainte-Geneviève, elle menaçait ruine en 1714, lorsque Louis XV, en exécution d'un vœu fait en 1744, pendant une grave maladie, décida qu'une nouvelle église serait élevée en l'honneur de sainte Geneviève. Elle était destinée à d'étranges vicissitudes.

Les fondations commencèrent en 1753. En 1757, la crypte destinée à recevoir le tombeau de sainte Geneviève fut creusée, et l'année suivante le roi, entouré de sa cour, vint poser la première pierre d'une des colonnes de la coupole. L'église n'était pas achevée, lorsque le 4 avril 1791, l'assemblée constituante la convertit en temple païen sous la dénomination de Panthéon, et la destina à recevoir les corps des *grands hommes*.

Les travaux nécessaires pour effacer les traces de ce qui pouvait avoir rapport au culte catholique, joints à un vice de construction, firent craindre alors qu'elle ne s'écroulât, et même en ces temps, le peuple disait cette parole remarquable : *L'église veut tomber, parce que sainte Geneviève n'y est plus* (*).

Le succès couronna les efforts entrepris pour sa consolidation, et le 2 février 1806, quinze ans après sa première profanation, Napoléon par un décret rendit à l'édifice son titre d'église Sainte-Geneviève, et créa six chanoines destinés à la desservir. Les canonicats furent joints au chapitre de la métropole, en attendant que l'église pût être suffisamment disposée pour le culte (**).

(*) *Vie de sainte Geneviève*, par l'abbé Sayntives.
(**) *Ibid.*

Elle resta toutefois affectée à la sépulture des grands dignitaires de l'État. Ce fut seulement en 1822 que le roi Louis XVIII rendit entièrement l'église à sa destination première. La bénédiction en fut faite le 3 janvier 1822, par Mgr Hyacinthe Louis de Quelen, archevêque de Paris ; la famille royale y assista, et des reliques de sainte Geneviève y furent placées, ainsi que nous le dirons plus bas.

En 1830, Sainte-Geneviève, une seconde fois profanée, devint une seconde fois encore le Panthéon.

Au mois de décembre 1852, un décret de Louis-Napoléon la rendit à Dieu et à la patronne de Paris et de la France.

Elle porte maintenant le titre d'Église patronale de Sainte-Geneviève et est administrée par un doyen et des chapelains.

De l'église de Saint-Etienne du Mont.

Sous l'église même des saints apôtres Pierre et Paul (*), devenue plus tard l'église de Sainte-Geneviève, se trouvait une chapelle dédiée d'abord à saint Jean l'Évangéliste ; elle servait de paroisse aux habitants de

(*) Il y avait en la dite église une chapelle souterraine, appelée de Notre-Dame, destinée pour administrer les sacremens aux serviteurs laïques, demeurans dans le cloître ancien des chanoines séculiers, lors appelé le bourg de Sainte-Geneviève, et de tous les habitans du palais, ou château de Clovis I, et des vignerons dépendans de ce chapitre. Cette chapelle de Notre-Dame fut appelée de Saint-Jean l'Evangéliste ; mais après que le roi Philippe Auguste, environ l'an 1190, eut fait enclore dans la ville, l'abbaye et la montagne de Sainte-Geneviève ; ceux qui s'établirent au dit quartier, s'étant retirés à la dite chapelle pour y recevoir les sacremens, en attendant la construction d'une église et ayant formé un corps de paroisse. (*Histoire et recherches des antiquités de la ville de Paris*, par M. Henri Sauval. 1724.)

la Montagne et était appelée par eux Saint-Jean du Mont, ou chapelle du Mont, située dans la grande église, *Capella de Monte quæ est intra majorem ecclesiam.* Leur nombre s'étant considérablement augmenté, on éleva en 1222, sur les terrains de l'abbaye et au côté nord de l'église, une nouvelle chapelle; elle appartenait aux religieux de l'abbaye, et était placée dans une telle dépendance de l'église abbatiale qu'elle communiquait intérieurement avec elle, et n'avait même pas d'issue à l'extérieur. Deux siècles écoulés, l'accroissement incessant de la population rendit encore la chapelle insuffisante. Alors, au lieu de l'agrandir, on se résolut en 1493 à bâtir, non plus cette fois une chapelle, mais une église qui fut dédiée (on ignore pour quel motif) à saint Étienne, premier martyr.

Placée au même lieu que la chapelle, elle était de même aussi, contiguë à l'église de Sainte-Geneviève, seulement on lui accorda la permission d'une porte extérieure.

Elle fut commencée en 1517 et la première pierre du portail posée en 1630 par Marguerite de Valois; elle fut consacrée le 15 février 1626 par François de Gondi, premier archevêque de Paris.

C'est l'église actuelle de Saint-Étienne du Mont.

CHAPITRE II.

Des reliques et des châsses de sainte Geneviève.

« Estant âgée de quatre-vingts ans passés, saincte Geneuiefue trespassa en Jésus-Christ le troisième jour de janvier l'an 514, ordonnant que son corps fust enterré en la grotte sousterraine de ladite église de Saint-Pierre et Saint-Paul, bastie par le roy au Mont appelé pour lors Locutitien (*). Ce digne corps donc fut mis en cedit lieu sousterrain. » (**)

En 846, les craintes causées par l'invasion des Normands firent enlever le corps de sainte Geneviève du tombeau où il reposait. On le transporta au village d'Athys, et de là à celui de Draveil, dépendant tous deux de l'abbaye.

« Quelque temps après, la paix estant faite avec lesdits Normands et qu'ils furent retirés d'alentour de Paris, fut rapporté ce sainct reliquaire en son église et reconduit par le susdit doyen et son clergé, grande multitude de peuple venant au deuant en grande déuotion et reuerence. Passé la petite riviere de Gentilly appelée Bievre, le cierge qui estait porté devant ayant ete estaint par le vent, à la priere et supplication d'iceux fut ralumé miraculeusement. Après cela fut apportée en son eglise avec honneur et louange d'un chacun et la dignement colloquée, *non pas comme deuant en la caue*, mais *sur* (***) l'autel saint Pierre et saint Paul, où faisant miracles infinis, s'est toujours montre vraye patronne des Parisiens, et de *tout le peuple de la chrestiente* qui la reclament spécialement de France. »

En 856, une nouvelle invasion des Normands força de transporter de nouveau le corps de sainte Geneviève au village de Marisy, sous la tour de la Ferté-Milon qui passait pour une place imprenable. Il y demeura cinq années.

« Mais l'an de notre salut 884 (****) regnant en

(*) Et depuis montagne de Sainte-Geneviève.

(**) *Vie de saincte Geneuiefue*, par le Fr. Juge.

(***) L'*Histoire chronologique de Sainte-Geneviève* du Père Charpentier dit que le corps de sainte Geneviève fut placé alors *sous* et non *sur* l'autel; nous avons suivi cette dernière version, comme on le verra dans la suite de ce livre.

(****) Le Père Charpentier, dans son *Histoire chronologi-*

France Carloman, les princes normands vindrent assieger la ville de Paris.... Les chanoines de saincte Geneuiefue transporterent leur chasse a Marisy en Valois à 17 lieues de Paris et ce pour euiter la susdicte persecution des Normans. »

L'auteur que nous citons, après avoir parlé des miracles qui s'opérèrent pendant cette seconde translation, ajoute :

« Bref tant de miracles ont este faits audit lieu de Marisi par ladite vierge l'espace de cinq ans et plus qu'elle y demeura..... que celui qui nous a escrit ceux-cy dit n'auoir ete en sa puissance de les rediger par escrit.

« Finalement aussy fut rapportee la chasse de saincte Geneuiefue dudit lieu de Marisy en son église à Paris. »

Cette translation de Marisy à Paris se fit processionnellement et dura cinq jours. Le corps resta quelque temps au milieu de la ville dans l'église Saint-Jean, « sans doute en attendant qu'on eût réparé l'église des Apôtres, puis fut finalement porté en son église accompagné du clergé, et d'une multitude infinie de religieuses, de chanoines et de peuples chantant mélodieusement plusieurs beaux hymnes et cantiques en grand joye et solennité. » (*)

Le corps de sainte Geneviève fut placé comme auparavant sur l'autel des saints apôtres. Nous trouvons encore les traces d'une troisième invasion des Normands en 885, pendant laquelle le corps de sainte

de Sainte-Geneviève, place cette seconde invasion des Normands en 886 et non en 884 comme le Frère Juge. Ces deux auteurs ne font pas mention de la troisième mentionnée ici après l'abbé Saintyves.

(*) *Histoire de madame saincte Geneuiefue*, par le Fr. Juge.

Geneviève fut transporté dans la ville (*). Il fut reporté dans son église vers la fin de 890, ou au commencement de 891. (**)

« Vers le onzième siècle, le corps de sainte Geneviève fut levé de dessous l'autel où il avait toujours été, et mis dans un coffre ou châsse de bois que l'on éleva dans un lieu où il pût être vu de tout le monde. C'est de ce même lieu (ajoute l'historien qui écrivait en 1696) que le ciel a fait couler sur Paris *et sur toutes les personnes du royaume* tant de bénédictions et de grâces dont elles se reconnaissent redevables aux intercessions de cette grande sainte, et c'est de là qu'elle descend de temps en temps pour être portée comme en triomphe dans ces augustes processions *où les nécessités publiques la demandent.* » (***)

Sous le règne de saint Louis, cette châsse de bois fut remplacée par une châsse plus digne des saintes reliques et estimée 811 livres parisis, somme très-considérable en ces temps.

« Donc regnant en France monsieur sainct Louys neufiefme du nom, a celle fin de rendre de plus en plus honorable ce sainct temple et sacré organe du Saint-Esprit. Le corps de madame saincte Geneviefe là bas en terre, l'âme de laquelle est infiniment glorieuse et béatifiée là haut au ciel, fut ordonne et decrete entre l'abbé Hebert et les religieux de faire une nouvelle châsse, pour reposer ses saints ossements, couverte d'or et d'argent, enrichie de pierres précieuses. Pour ce faire furent contribués et offerts, tant par iceux que par leurs parens et amis de la

(*) L'église de Sainte-Geneviève se trouvait hors la ville.

(**) *Vie de sainte Geneviève*, de l'abbé Saintyves.

(***) *Histoire chronologique de Sainte-Geneviève.*

maison et de la vierge, plusieurs beaux dons et presens magnifiques, chacun s'employant selon son pouvoir et moyen afin de poursuivre une si bonne œuvre et entreprise..... Aussi en peu de tems se trouva y avoir ete donne assez amplement pour faire une œuvre des plus rares et excellens que pour le iourd'huy se puisse faire. (*)

Des retards eurent lieu, et la restauration de la châsse s'accomplit seulement sous Robert de la Ferté-Milon qui succéda à l'abbé Hébert dans le gouvernement de l'abbaye.

Les huguenots menaçant d'entrer dans Paris en 1567, la châsse de sainte Geneviève fut pendant un instant seulement déposée en un lieu sûr, dont deux chanoines de l'abbaye seuls avaient le secret; puis les craintes étant dissipées, elle fut remise en sa place.

L'année 1614, Benjamin de Brichanteau, abbé de Sainte-Geneviève, « ne pouvant plus voir la châsse d'une si grande sainte rompue et gâtée en plusieurs endroits pour avoir été pendant quatre siècles si souvent descendue et portée en procession, prit résolution de la faire réparer » (**). A cette occasion, et chaque année ensuite, on fit à la châsse les plus riches présents, entre autres le célèbre bouquet de diamants donné par Marie de Médicis; en sorte, continue l'historien que nous venons de citer, qu'on peut dire à présent de la châsse *qu'elle est un des plus riches et des plus rares reliquaires qui soient au monde*, et il ajoute que la vue ne pouvait à peine en soutenir l'éclat. « La plus célèbre de toutes les châs-« ses que la France catholique ait possédées, fut sans

(*) *Histoire de madame saincte Geneuiefue.*

(**) *Histoire chronologique de Sainte-Geneviève.*

« contredit la châsse de sainte Geneviève qui se con-
« serva dans l'église abbatiale fondée à Paris sous
« l'invocation de cette sainte jusqu'à l'époque de la
« Révolution. » (*)

Un manuscrit de 1614 contient une description très-détaillée de la châsse de sainte Geneviève et des joyaux qui la couvraient (**). Nous la donnerons ici en supprimant pour abréger les estimations et le détail des articles, hors ceux qui regardent la statue même de sainte Geneviève.

« Au nom de Dieu soit faite la présente copie sur l'original signé de messieurs Nicolle, marchands orfévres, à la fin d'un inventaire des richesses et joyaux appliqués à la châsse de sainte Geneuiefue ainsi qu'il a apparu à moi Philippes Morisse fils, l'un des confrères porteurs et attendants de la dite châsse, indigne, ce jour d'hui onze janvier de la presente annee mil six cent soixante et douze.

« Inventaire prisé et estimation faite par Pierre Nicolle, marchand orfévre, bourgeois de Paris, demeurant sur le pont aux changeurs en la maison où pend pour enseigne le bras d'or des pierres précieuses qui ont été mises et données pour l'ornement et enrichissement de la châsse de madame saincte Geneuiefue quand elle a été racommodée et dorée de neuf au mois de mars et autres jours ensuivants de l'année mil six cent quatorze. — Nous extrayons.

« *L'image de madame saincte Genevicfve* qui est d'or et sur le devant de la châsse... A laquelle a eté appliquée une couronne d'or d'une branche de palme esmaillé de blanc, en laquelle il y a sur le devant un

(*) Paul Lacroix (bibliophile Jacob), *Revue universelle des Arts*, 1857.

(**) De la Bibliothèque de l'Arsenal.

cabochon de rubis, au dessus un gros rubis et perle... Aux deux costés deux saphirs violets, 3 diamans, 6 rubis, 8 grosses perles.

« *Au dessous de sa main droite un cierge d'or* émaillé de blanc, et à l'entour deux branches de palme émaillée de vert; sur le devant il y a 20 diamans.

« *L'ange qui est au dessus pour allumer le cierge* de la dite dame saincte Geneuiefue qui est d'or auquel il y a 21 diamans.

« *A la gorge de la dite image saincte Geneuiefue* il y a 6 perles... Au dessous il y a une croix de diamans qui représente le denier que monseigneur saint Germain, évêque d'Auxerre, donna et mit au col de madame saincte Geneuiefue et une perle pendant au bout.

« *Sur les deux épaules* deux chatons d'or de la vielle roche.

« *Sur la main droite* un anneau d'or d'un cabochon de rubis.

« *Sur son livre* 4 diamans, au milieu une rose de 7 diamans.

« *A la main gauche* un anneau d'or d'une pointe de diamans.

« *Au dessous sur sa robe* il y a cinq chatons d'or où sont enchâssés cinq diamans.

« *A ses pieds* un grand chaton d'or où est une grande hyacinthe.

« *Sur le bord de sa robe* et autres endroits 25 perles.

« *A ses deux costés* 4 chatons d'or où il y a deux camayeux d'agathe d'Orient, au mitant (milieu) des 4 chatons 4 diamans *non prisés a cause de leur valeur*.

« Plus, il y a un anneau d'or d'une table de diamans.

« Au dessous deux chatons d'or de deux emeraudes.

« *A la ceinture* il y a un anneau d'or d'un diamant et six perles.

« *Au dessous de la dite saincte Geneuiefue.*

« *Sur le Dieu de majesté*, un diadème de 42 perles. (Suit l'énumération de 15 articles analogues au précédent.)

« *Au costé droit il y a une image de sainct Germain*, et sur sa mitre un chaton d'argent ou est enchassée une piride. (Suivent 19 articles.)

« *A l'autre costé est l'image de saint Loup*, sur la mitre il y a un chaton d'argent ou est un doublet de saphir. (Suivent 18 articles.)

« *Sur l'autre costé de derrière a l'opposite il y a une Vierge Marie assise qui tient son enfant.*

« Sur la tête de laquelle il y a une couronne ou il y a 3 grosses perles. (Suivent 24 articles.)

« *Au dessous est l'image de saint Remy*; dessus sa mitre sont 3 perles et un chaton. (Suivent 9 articles.)

« *Au costé droit il y a l'image du roi Clovis*; sur sa couronne sont 6 perles. (Suivent 11 articles.)

« *Saincte Clotilde qui est a l'autre costé* sur sa couronne sont 9 perles, 4 emeraudes, un petit rubis balais. (Suivent 8 articles.)

« *Sur l'arcade de la Vierge*, les perles grenats, améthystes, cornalines, turquoises, ne sont pas prisées.

« *A l'un des costés ou sont les apostres. A l'image sainct Pierre*, il y a 16 perles sur le bord des habits. (Suivent 11 articles.)

« *L'image après en suivant est sainct André*; sur le bord de ses habits sont 12 perles. (Suivent 12 articles.)

« *Sainct Jean.* Sur le bord de ses habits sont 19 perles. (Suivent 8 articles.)

« *Sainct Iude.* Sur le bord de ses habits sont 10 perles. (Suivent 11 articles.)

« *Sainct Mathieu.* Sur le bord de ses habits sont 10 perles. (Suivent 13 articles.)

« *Sainct Thomas.* Sur ses habits sont 8 perles. (Suivent 11 articles.)

« *Sur le dosme du mesme costé* sur *l'image de saincte Geneuiefue* sont 18 perles (suivent 22 articles), diamans, émeraudes, rubis, hyacinthes, émaux.

A costé de l'image de saincte Geneuiefue il y a le premier miracle qui représente comme madame saincte Geneuiefue rendit la vue à sa mère. Il y a 13 perles sur le bord des habits. (Suivent 14 articles.)

« *A l'autre costé de la dite image de saincte Geneuiefue est un autre miracle representant comme elle resuscita un enfant mort.* Sur le bord de ses habits sont 12 perles. (Suivent 11 articles.)

« *Sur le dit dosme, entre l'image de saincte Geneuiefue et les deux miracles, quatre anges de front.*

« *Aux costés des dits anges sont quatre anges qui sont de costé.* (Suivent 28 articles qui énumèrent les pierreries dont ils sont couverts.)

« *A chacun des 12 apôtres sont 12 arches ou diadèmes.* (Suivent 2 articles.)

« *Sur le dosme,* a chacun des 3 fleurons ou sont les figures, sont 4 arcades, chacun fleuron, besongne de fil ou sont appliquées 9 pierres, le fort portant le faible, les dites arcades au nombre de 12.

« *A l'autre costé et dernier auquel sont les apostres dont sainct Paul est la premiere image,* sur les bords de son habit sont dix perles. (Suivent 15 articles.)

« *Sainct Jacques le Majeur,* est ensuivant sur lequel sont 15 perles. (Suivent 17 articles.)

« *Sainct Jacques le Mineur* suit. Sur le bord de ses habits sont 17 perles. (Suivent 12 articles.)

« *Sainct Simon* suit Sur le bord de ses habits sont six perles. (Suivent 15 articles)

« *Sainct Barthélemy* suit. Sur ses habits sont 20 perles. (Suivent 21 articles.)

« *Sainct Philippe* et dernier des apôtres suit. Sur ses habits sont dix perles. (Suivent 20 articles.)

« *Il y a 6 arcades grandes*, qui sont sur les testes des apostres qui servent de diadèmes, ou il y a 8 pierres a chacune.

« *Plus 6 petites arcades*, a chacune desquelles sont 2 pierres.

« *Sur le dosme et dernier costé* sont 9 fleurons. A celui du milieu ou est le miracle *ou madame sainete Geneuiefue guarit un demoniaque*; sur sa robe sont 28 perles. (Suivent 15 articles.)

«*Vis-à-vis de la petite image de sainct Martin*, sur sa mitre il y a un anneau d'opale. (Suivent 5 articles.)

« *Sur le demoniaque*, un anneau d'une jacinte et sur l'espaule un bouton d'or.

«*Sur le dit sainct Martin* sont 13 perles.

« *Sur la chasse*, il y a un émail d'argent et autour des perles. (Suivent 5 articles.)

« *Sur le vendre* (sic) *du diable*, est une agate qui represente un crapaut, les 2 yeux 2 chatons d'argent ou sont 2 grenats.

« *A l'autre fleuron*, il y a un chaton d'or d'une jacinte.

« *Sur la petite chasse*, 19 perles. (Suivent 5 articles.)

« *A l'un des bouts est un sainct François* d'or émaillé et un cœur de rubis.

« *A l'autre, il y a une saincte Claire d'or émaillé.*

« *Au dessous de ladite châsse*, sont *deux petits bouquets* et un bouton d'or. (Suivent 6 articles.)

« *Au premier qui porte la châsse, il y a un chapeau de perles*. (Suivent 7 articles.)

« *A l'autre religieuse, est un chapeau de perles.* (Suivent 7 articles.)

« *Sur l'autre dernier fleuron*, est une enseigne d'or

émaillée sur laquelle il y a un camaïeu d'agate, deux diamans, deux rubis. (Suivent 4 articles.)

« *A costé, sur le saint Denis, sont trois perles.* (Suivent 14 articles.)

« *Sur le front de l'image de sainte Geneuiefue* (elle était vraisemblablement répétée plusieurs fois), est un anneau d'or d'un cœur de diamans. (Suivent 23 articles.) On y remarque un *saint Jean* d'or émaillé, un *agnus Dei* d'or, un émail d'argent d'une *sainte Catherine*, et un *chef de saint Jean* garni d'or et d'argent d'agate.

« *Sur le dit dosme sont entre les fleurons quatre anges de front.* (Suivent 17 articles.)

« *A costé des dits anges sont quatre anges* qui sont de côté. (Suivent 18 articles.)

« *Sur le dosme* à chacun des trois fleurons sont quatre arcades besoingne de fil où sont appliquées huit à neuf pièces.

« *Le vase du dosme*, lequel est un bouquet et une croix toute remplie de diamans, donné par la reine mère de Médicis, reine mère de Louis treizième, roi de France, qu'elle a donné et présenté le vingtième jour du mois de juin mil six cent quinze, qui est posé en haut au milieu de la châsse...

« Plus les branches, couronnes, rondeaux et autres ustensiles de fer, avec la garniture de fer argenté d'argent...

« Total à quoi se monte ce présent inventaire, dix mil trois cent sept escus cinquante sols quatre deniers tournois, sans y comprendre le vingt-deuxième article non prisé, à cause de sa grande valeur, et les 136e et 137e articles de ce présent inventaire non prisé valent 30,923 livres 15 sols 4 deniers.

« Nous soussignés Jacques Nicolle, Pierre Nicolle l'aisné et Pierre Nicolle le jeune, maistres orfeures de

Paris, certifions que ladite châsse a esté refaite, redorée et enrichie par deffunt Pierre Nicolle notre père, et y avons besongné et travaillé sous lui comme ses enfants a laquelle châsse a esté mis et appliqué les joiaux, pierres prétieuses, chatons d'or et d'argent contenus par le même, et d'article en article, la prisée et estimation faite de tous lesdits joiaux, pierres prétieuses, chatons d'or et d'argent tant par ledit deffunt Nicolle notre père, que autres orfeures et maistres jouailliers et experts et cognoissans de la valeur et estimation d'icelles eu esgart au temps qu'ils ont estes prises ; témoins nos seings manuels mis ce quinzième jour de janvier mil six cent vingt-deux et ont signé J. Nicolle avec paraphe, Nicolle avec paraphe, P. Nicolle avec paraphe. »

Nous trouvons dans l'*Histoire chronologique de Sainte-Geneviève* du Père Charpentier la description du bouquet de Marie de Médicis :

« Il est d'une figure ovale, à peu près d'un demi-pied de diamètre; ses deux tissus ne sont qu'un tissu de fleurs d'or émaillé, qui portent un diamant sur chaque feuille ; du milieu de chaque feuille sort un autre diamant en forme de bouton ; le haut de ce bouquet est terminé par une croix d'or de la longueur d'un grand doigt garnie de 60 diamans fort nets et assez épais; le milieu qui est à jour est enrichi d'une pendeloque d'un saphir bleu le plus beau qui se puisse voir. Dans le même temps S. A. R. madame la duchesse de Savoye qui n'avait pas moins de vénération pour l'église de Sainte-Geneviève que la reine Marie de Médicis, sa mère, lui fit dot d'une croix d'or chargée de sept turquoises d'une grosseur tout extraordinaire qui fut mise au soleil où repose le Saint-Sacrement.

« Enfin le cardinal de La Rochefoucauld, trente-troisième abbé de Sainte-Geneviève, en 1619, fit dresser au delà du grand autel de l'église abbatiale sur un riche piédestal quatre grandes colonnes, deux de marbre qu'il acheta, et deux autres de jaspe dont le roi Louis XIII lui fit présent, et sur lequel on posa la châsse de sainte Geneviève, soutenue par quatre figures de vierges de grandeur naturelle : elle y est demeurée jusques à la révolution. »

En 1791, l'orage du désordre et de l'impiété ayant éclaté sur la France, l'administration départementale demanda que la châsse de sainte Geneviève fût transportée dans l'église de Saint-Étienne du Mont, (contiguë, on s'en souvient, de celle de l'abbaye) ; on espérait que ce précieux trésor serait là plus en sûreté. Cette demande suscita une grande opposition, l'abbé et les chanoines de Sainte-Geneviève adressèrent au roi Louis XVI un mémoire contre ce projet, des habitants de Paris y joignirent une pétition dans le même sens ; on suspendit donc son exécution. Mais les événements s'aggravèrent, l'hésitation n'était plus possible, et le 14 mars 1792, la translation de la châsse, de l'église abbatiale de Sainte-Geneviève dans l'église Saint-Étienne du Mont s'accomplit par une des petites portes latérales et sans aucun appareil extérieur.

Ces précautions ne purent cependant préserver la châsse de sainte Geneviève des fureurs révolutionnaires. Le 3 novembre de la même année, la section du Panthéon s'en saisit et la porta à l'hôtel de la Monnaie, quai Conti. On lit dans le *Moniteur* (2e décade de brumaire, 9 novembre 1792) :

« *Commune de Paris.* — *Conseil général du* 17 *de brumaire.* — Un membre rend compte au conseil de la translation de la châsse de sainte Geneviève à la Monnaie. Le *transit* de la patronne des Parisiens s'est opéré avec beaucoup de tranquillité et *sans miracle* par le comité révolutionnaire de la section *de cette sainte docile.* »

On lit dans le *Moniteur* du 1er frimaire an II (21 novembre 1793) :

« *Commune de Paris. — Conseil général du 1er frimaire.*

« Le conseil entend lecture du procès-verbal du dépouillement de la châsse de sainte Geneviève, et arrête que ce procès-verbal sera envoyé à toutes les sections *ainsi qu'au pape.* Arrête en outre que les *ossements* et les *guenilles* qui se sont trouvés dans cette *boîte* seront brûlés sur-le-champ sur la *place de Grève,* pour y *expier le crime* d'avoir servi à propager l'erreur et à entretenir le luxe de tant de *fainéants.* »

« La dépouille de cette châsse a produit 23,800 fr.

« Un membre observe que ce produit lui paraît bien médiocre, attendu que l'on pouvait à peine supporter l'éclat du brillant de cette châsse.

« Le rapporteur répond que tous les objets qui l'ornèrent sont encore en nature, et que la majeure partie des diamants sont faux, et notamment le fameux bouquet, dont le prix serait inestimable s'il était en pierres fines. »

« Le conseil arrête que les sections seront invitées à nommer des commissaires pour vérifier si lesdits objets sont dans le même état qu'avant le transport de cette châsse à la Monnaie. »

Le *Moniteur* du 4 brumaire donne le récit de ce qui s'était passé à la Monnaie :

« *Extrait du procès-verbal de l'ouverture de la châsse de sainte Geneviève.* — Après nous être transportés dans un bâtiment situé à la Monnaie, après avoir reconnu que les scellés apposés sur la porte de la chambre où était enfermée la châsse de sainte Geneviève, étaient sains et entiers : examen fait de la dite châsse, les susnommés ont reconnu que l'opinion publique avait été grandement trompée sur le prix exagéré auquel on a porté la valeur de cette châsse, dont la majeure partie des pierres sont fausses; les diamants, les perles fines et fausses ont été estimés, ainsi que les parties d'or et d'argent, 23,830 livres.

« Nous avons trouvé dans cette châsse une *caisse en forme de tombeau*, couverte et collée en peau de mouton blanc et garnie de bandes de fer dans toutes ses parties, de *deux pieds neuf pouces de long, neuf pouces de largeur et de quinze pouces de hauteur*, ladite caisse contenue avec du coton sur lequel nous avons trouvé une petite bourse en soie cramoisie, ayant d'un côté un aigle à double tête, et de l'autre deux aigles avec une fleur de lis au milieu brodés en or; dans la bourse, un petit morceau de voile de soie dans lequel est enveloppée une espèce de terre.

« Dans le cercueil il s'est trouvé deux petites lanières en peau jaune; dans une des extrémités, un paquet de toile blanche, attaché avec un lacet de fil; dans ce paquet vingt-quatre autres petits paquets, les uns de toile, d'autres de peau, et plusieurs bourses de peau de différentes couleurs. Une phiole (*sic*) lacrymatoire, bouchée avec du chiffon et contenant un peu de liqueur brunâtre desséchée, une bande de parchemin sur laquelle est écrit : *Una pars casulæ sancti Petri principis apostolorum*, et plusieurs autres inscriptions sur parchemin que nous n'avons pu déchiffrer.

« Ces vingt-quatre paquets en contenaient beaucoup d'autres plus petits, renfermant de petites parties de terre qu'il n'est pas possible de décrire. Un de ces paquets, en forme de bourse, contient une tête en émail noir, de la grosseur d'une petite noix et d'une figure hideuse, dans laquelle est un papier contenant une petite partie d'ossements.

« Un autre paquet de toile blanche gommée contenait les ossements d'un cadavre et une tête sur laquelle il y avait plusieurs dépôts de sélénite ou plâtre cristallisé. Nous n'y avons pas trouvé les os du bassin. Nous avons aussi trouvé une bande de parchemin portant ces mots : *Hic jacet humatum sanctæ corpus Genovefæ*, plus un stylet de cuivre en forme de pêle (*sic*) d'un côté, et pointu de l'autre; cet instrument servait aux anciens à tracer sur des tables de cire.

« Cette châsse a été faite en 706 par le *ci-devant soi-disant Saint-Éloi*, orfévre et *évêque de Paris.* Elle a été réparée en 1614, par Nicole, orfévre de Paris. Il paraît que c'est à cette époque que l'on a substitué des pierres fausses en place des fines qui y étaient.

« Le corps de la châsse est de bois de chêne très-épais. Entre autres choses fort ridicules et fort extraordinaires, nous avons remarqué sur cette châsse une agate gravée en creux, représentant Mutius Scævola brûlant sa main pour la punir d'avoir manqué le tyran Porsenna ; au-dessous est gravée : *Constantia.* Tous les ornements qui couvrent la châsse sont des placages d'argent doré, très-minces. »

Le corps de la patronne de Paris et de la France fut brûlé en place de Grève le 3 décembre.

Le roi Louis XVIII ayant rendu au culte en 1822 l'église de Sainte Geneviève, l'archevêque de Paris, qui était alors M. de Quélen, désira pouvoir y faire vénérer encore, non plus le corps de sainte Geneviève anéanti sans ressource, mais au moins quelques parcelles de ses reliques, qui avaient pu être distraites de la châsse avant la révolution, afin de répondre aux désirs de la piété, et ainsi que cela arrive fréquemment. M. l'archevêque, dans une lettre circulaire adressée à tous les curés de Paris, s'exprime ainsi au sujet de ces recherches :

« C'est pourquoi, après m'être donné tous les soins « possibles pour recueillir, de divers lieux et de diffé- « rents diocèses, une partie de celles que l'on y a « conservées et que l'on y honore d'un culte spécial « et authentique, j'ai eu le bonheur d'en recouvrer « d'assez insignes pour satisfaire la dévotion des fi- « dèles, et les consoler d'une perte qui laissait de- « puis longtemps à leur piété de si justes regrets. »

Une seule parcelle de ses reliques avait pu être arrachée à la châsse lorsqu'elle était déjà au pouvoir des révolutionnaires.

Le village de Diant du Doyenné de-Voulx, diocèse de Meaux, possédait des reliques authentiques de sainte Geneviève : il refusa de s'en dessaisir, et protesta que son attachement pour la châsse qu'il possédait était tel que rien ne le ferait consentir à s'en laisser dépouiller. (*)

Le 3 janvier, jour de la bénédiction de l'église de Sainte-Geneviève, ses reliques y furent placées. Nous rapportons le procès-verbal constatant leur authenticité et rendant compte de la cérémonie.

« HYACINTHE-LOUIS DE QUÉLEN, par la miséricorde divine et la grâce du Saint-Siége apostolique, archevêque de Paris.

« Le roi ayant ordonné que l'église de Sainte-Geneviève, fondée par Louis XV, son auguste aïeul, fût rendue à sa destination, et nous ayant manifesté le désir que nous y fissions faire des prières et des supplications solennelles afin d'attirer sur lui et sur

(*) *Vie de sainte Geneviève*, de l'abbé Saintyves.

sa famille les faveurs de Dieu par l'intercession de la puissante protectrice de sa capitale, notre première pensée a été de chercher à nous procurer quelques-unes des reliques de la sainte patronne de Paris, dans le dessein d'en enrichir la nouvelle église. C'est pourquoi, après nous être donné tous les soins possibles pour recueillir, de divers lieux et de différents diocèses, une partie de celles qu'on y a conservées, et qu'on y honore d'un culte spécial et authentique, nous avons eu le bonheur d'en recouvrer d'assez insignes pour satisfaire la dévotion des fidèles, et les consoler d'une perte qui laissait depuis longtemps à leur piété de si justes regrets Lesquelles reliques, avec les documents propres à en garantir l'authenticité, sont désignées ci-après, savoir :

« 1° Un ossement droit d'environ quatre pouces de longueur, échancré aux deux extrémités, extrait d'un reliquaire conservé en l'église de Sainte-Geneviève des Bois, anciennement du diocèse de Sens, aujourd'hui de celui d'Orléans, arrondissement de Montargis, où ladite relique était vénérée depuis longtemps, ainsi qu'il est constaté au procès-verbal dressé par M. l'abbé Tonnellier, archidiacre d'Orléans, curé de Châtillon-sur-Loing, ancien doyen du chapitre de Châtillon-sur Loing, commis à cet effet par Mgr l'évêque d'Orléans. Lequel a rempli cette commission avec autant d'exactitude que d'obligeance pour nous Ledit procès-verbal coté n° 1.

« 2° Un ossement courbe d'environ deux pouces et demi de long, enveloppé d'une gaze très-fine, extrait d'un reliquaire conservé dans l'église paroissiale de Saint-Roch à Paris ; lequel était scellé du sceau de Son Eminence Mgr le cardinal Caprara, et avait été donné par M. Vadorini, secrétaire de ladite Eminence, à M. l'abbé Reinach, prêtre de la communauté de Saint-Roch, au décès duquel ladite relique est passée entre les mains de M le curé de cette paroisse, qui, sur notre demande, a bien voulu en faire le sacrifice en faveur de la nouvelle église de Sainte-Geneviève, en nous exprimant le désir d'avoir une part spéciale aux prières qui seraient faites pour les bienfaiteurs de cette église : ce que nous lui avons promis expressément. Ce reliquaire était exposé à la vénération des fidèles dans l'église Saint-Roch, en vertu de l'autorisation donnée par l'ordinaire. Les pièces et procès-verbaux cotés n° 2.

« 3° Une portion d'ossements renfermée dans un petit reliquaire carré oblong, entouré de glaces et scellé du sceau de l'ordre des Carmélites, faisant partie des reliques conservées et vénérées dans le couvent des dames Carmélites, dites de la rue Saint-Jacques, aujourd'hui de la rue d'Enfer, à Paris. Comme il appert par le témoignage unanime de ces Dames et de M. l'abbé Boucher, curé de Saint-Merry à Paris, ancien supérieur des Carmélites. Les pièces cotées n° 3.

« 4° Un ossement de onze lignes de long, extrait d'un reliquaire conservé à Verneuil, dans l'église dédiée à sainte Geneviève, diocèse d'Amiens, canton de Pont-Sainte-Maxence, arrondissement de Senlis ; laquelle extraction a été exécutée par M. le curé de Creil, en vertu de l'injonction à lui faite par Mgr l'évêque d'Amiens, premier aumônier de Madame la duchesse de Berry, qui a bien voulu se donner les soins les plus empressés pour procurer à l'église de Sainte-Geneviève les reliques de la sainte patronne de Paris. Les pièces et procès-verbaux cotés n° 4.

« 5° Un ossement d'environ vingt lignes de long, enveloppé aux extrémités d'une étoffe rouge garnie de paillettes ; lequel a été enlevé de la châsse de sainte-Geneviève de Paris, l'an mil sept cent quatre-vingt-douze, au moment de la spoliation de l'église de l'abbaye de Sainte-Geneviève, comme nous n'en pouvons douter, d'après les témoignages mis sous nos yeux. Les pièces y relatives cotés n° 5.

« 6° Un médaillon formé d'une pâte portant d'un côté l'effigie de saint Denis, et de l'autre cette inscription : *Reliques de saints et du sépulchre de sainte Geneviève ;* qui nous a été apportée par Mgr l'évêque d'Amiens. Lequel médaillon fut donné à l'abbaye royale de Saint-Paul de Beauvais, par le cardinal de Sourdis, deuxième de ce nom. Les pièces et le procès-verbal cotés n° 6.

« 7° Des parcelles ou débris d'ossements de sainte Geneviève, renfermés dans un reliquaire de cristal de roche, dont le couvercle en argent est fixé par deux charnières rivées et par des lacs en cordonnet de soie bleue. Les pièces et le procès-verbal cotés n° 7.

« 8° Enfin, une petite portion d'ossements de sainte Geneviève que nous possédions sous le sceau du cardinal Caprara, légat *a latere* du saint-siége en France, et que nous avons de nouveau renfermée dans un papier scellé de notre sceau.

« Toutes et chacune desdites reliques, vérifiées et reconnues en présence de messieurs l'abbé Jalabert, vicaire général de Paris, archidiacre de Notre-Dame ; l'abbé Desjardins vicaire général de Paris, archidiacre de Sainte-Geneviève ; l'abbé Borderies, vicaire général de Paris, archidiacre de Saint-Denis; Le Tonnelier, archidiacre d'Orléans, curé de Châtillon-sur-Loing, qui nous a apporté la relique désignée n° 1 ; Rausan, supérieur des missions de France, chapelain honoraire et prédicateur du roi ; Boudot, chanoine théologal de Paris ; Arnaud, chanoine honoraire, vicaire-général de Rennes ; de Cagny, curé de Notre-Dame de Bonne-Nouvelle de Paris, que nous avions appelés, comme témoins, à la vérification de ces reliques. Nous avons renfermé les portions désignées aux n°s 1, 2, 4 et 5, dans un reliquaire oblong, formé de quatre glaces, garni aux deux extrémités d'ornements en cuivre doré, fermé à l'une des deux avec un fil de soie blanche, et scellé de notre sceau. Aux deux extrémités de ce reliquaire, nous avons attaché les reliques désignées aux n°s 6 et 7; et dessous ledit reliquaire nous avons placé la relique n° 8. Nous avons placé lesdites reliques ainsi reconnues, vérifiées et scellées, sur un coussin de velours blanc garni de franges et de torsades d'or, dans une châsse de bronze doré, garnie de glaces des quatre côtés, dans l'intérieur de laquelle nous avons suspendu la relique désignée n° 3. Le tout étant ainsi disposé, nous avons scellé la châsse sur le couvercle, en ramenant sur le milieu les quatre rubans blancs qui sont attachés au coussin du dedans. Enfin, le saint nom de Dieu invoqué, nous avons permis et permettons d'exposer lesdites reliques de sainte Geneviève, patronne de Paris, à la vénération des fidèles.

« Ainsi fait et clos, en notre palais archiépiscopal, sous notre seing, le sceau de nos armes, sous la signature des témoins sus-dénommés, et sous le contre-seing de notre secrétaire, le deuxième jour du mois de janvier de l'année mil huit cent vingt-deux.

« HYACINTHE, *archevêque de Paris.*

[Suivent les autres signatures.]

« Le troisième jour dudit mois de janvier, après la béndiction solennelle de l'église de Sainte-Geneviève, nous avons procédé à la translation des reliques de la sainte patronne de Paris qui avaient été déposées dans l'église basse. Leurs Altesses Royales Monsieur, frère du roi, Madame, duchesse d'Angoulême, sont descendus; lecture a été faite, en leur présence, du procès-verbal qu'elles ont signé, ainsi que Mgr, le nonce de Sa Sainteté, plusieurs évêques et les principales autorités civiles et militaires qui les accompagnaient.

« *Signé :* CHARLES-PHILIPPE, MARIE-THÉRÈSE, LOUIS-ANTOINE.

[Suivent les autres signatures.]

« Et immédiatement la châsse qni contient lesdites reliques a été levée et transférée processionnellement dans l'église haute avec les cérémonies d'usage en pareille occasion, au milieu d'un grand concours de fidèles, les princes, la princesse et les autorités suivant la procession à pied jusqu'à l'église. La messe solennelle a été célébrée par nous, assisté de notre chapitre métropolitain. Et les reliques de sainte Geneviève ont été confiées, ainsi que la desserte provisoire de l'église, à MM. les missionnaires de France.

« Fait à Paris, le trois janvier mil huit cent vingt-deux. »

Lors de la révolution de juillet, les reliques de sainte Geneviève durent une fois encore quitter leur église. La cathédrale les reçut, les abrita vingt-deux années, et le 3 janvier 1852, on les reporta processionnellement de Notre-Dame dans l'église patronale de Sainte-Geneviève, où on les vénère aujourd'hui. L'église de Saint-Etienne du Mont possède également, en outre du tombeau, des reliques de sainte Geneviève dans la châsse placée au-dessus de l'autel de la chapelle du Tombeau :

1° Une relique *ex ossibus sanctæ Genovefæ* donnée à

M. le Clerc du Bradin par S. Em. Mgr le cardinal Caprara, légat *à latere*, le 11 août 1809, déposée d'abord avec plusieurs autres reliques dans la grande châsse placée au-dessus du maître-autel, reconnue le 25 mars 1854 par M. l'abbé Eglée, vicaire-général, et placée le 2 janvier 1855 par M. l'abbé de la Bouillerie, vicaire-général, dans le tube de cristal renfermé dans le coffret également de cristal, garni de bronze doré, où elle se trouve maintenant.

2° Dans une monstrance de style gothique également renfermée dans la châsse :

1° Deux reliques provenant de l'ancienne abbaye de Chelles, remises à M. le Clerc du Bradin le 15 novembre 1808 par trois religieuses de ladite abbaye, suivant procès-verbal dressé et signé par M. l'abbé Jalabert, vicaire-général, savoir : un fragment d'ossement d'assez sensible grandeur, et un petit faisceau de cheveux.

2° Une parcelle d'ossements extraite des reliques de la grande châsse de sainte Geneviève au moment où elles y furent déposées sous Mgr de Quélen et données à M. de Baric, à l'Archevêché, le 30 décembre 1854.

3° Une autre parcelle placée dans le piédestal d'une petite statue d'argent donnée avec cette statue en *ex-voto*, par S. Em. Mgr le cardinal Mathieu, alors curé de la Madeleine, à l'occasion du choléra de 1832.

Les pièces constatant l'authenticité de ces diverses reliques sont gardées dans les archives de la fabrique de Saint-Etienne du Mont.

Nous avons donné dans le second livre l'historique des descentes de la châsse et la description des cérémonies qui s'y observaient, nous n'y reviendrons donc pas ; mais nous tenons à consigner ici ce passage d'un des historiens de sainte Geneviève : (*) « C'est une tradition qui passait déjà pour immémoriale du temps de saint Louis que la châsse de sainte Geneviève ne devait jamais être portée en procession que pour être transportée à Notre-Dame, et qu'elle ne sortait point de son église que le clergé de la cathédrale avec la châsse de saint Marcel ne vînt au-devant d'elle ; » car, dit un autre de ses historiens, l'on dit en commun proverbe que « saincte Geneuiefue ne partirait si sainct Marcel ne la venait querir. » (**)

Du tombeau de sainte Geneviève.

« Par ainsi nous voyons que ceux qui ont sainctement vescu en ce monde n'ont pas seulement donné preue de leur sainceteté et innocence durant leur vie, mais encore après la mort nous voyons leur vertu reluire et la grâce de Dieu à eux donnée comme renaître près de leurs tombeaux et sépulchres sur ceux qui s'adressent à eux et les choisissent pour leurs patrons et leurs intercesseurs. J'en pourrais alléguer une infinité d'exemples que je passeray sous silence pour venir à ceux qui ont journellement esté faits en ceste ville de Paris à la veue du peuple au sepulchre de ladite vierge saincte Genevíefve comme nous avons reçu de nos pères que nous en ont laissé quelques-uns par escrit. Or donc, après que cette glorieuse dame eut payé le tribut de nature allant de vie à trespas, son corps fut dignement mis et colloqué en un sépulchre sous terrain, comme nous auons déjà dit cy-dessus, la ou fut constitué une lampe ardente jour et nuit deuant le

(*) Le Père Charpentier, *Histoire chronologique.*
(**) Le Frère Juge, *Histoire de madame saincte Geneuiefue.*

dit sepulchre, sans aucune diminution, dont l'huile guarissait les malades. (*)

« On s'en servait comme d'un remede infaillible pour la guérison des maladies les plus desesperées; elle rendait la vue aux aveugles, faisait marcher droit les boiteux, ouvrait les oreilles aux sourds; enfin rien n'échappait à la vertu de cette huile miraculeuse. » (**)

« Il est tres difficile et pour mieux dire impossible de reciter et raconter par le menu tous les miracles lesquels ont été faits par les merites de saincte Geneviefve a son sepulchre et tombeau et encore moins aisé de les coucher par escrit ou qu'iceux sont innumerables et la plus grande partie inconnue. » (***)

« Ce tombeau devint si celebre que le respect et la reconnaissance obligèrent de temps en temps plusieurs personnes de piété d'y faire des présens considerables. Saint Eloy, dans le siecle suivant, l'orna de plusieurs beaux ouvrages d'or, d'argent et de pierreries. » (****)

Le corps de sainte Geneviève ayant été enlevé de son tombeau lors de l'invasion des Normands, le tombeau même, la pierre sur laquelle le saint corps avait reposé n'en resta pas moins l'objet d'une vénération qui d'âge en âge s'est transmise jusqu'à nous. On y trouvait *un remède très-prompt et presque toujours infaillible contre toute sorte de maux* (*****). On

(*) *Histoire de madame saincte Geneuiefue*, par le Frère Juge.

(**) *Histoire chronologique de Sainte-Geneviève.*

(***) *Histoire de madame saincte Geneuifue.*

(****) *Histoire chronologique.*

(*****) C'est à tort que l'on attribue à saint Eloi l'ornemen-

continua d'y entretenir une lampe en considération du grand concours de peuple qui y affluait sans cesse. Le tombeau de sainte Geneviève ne quitta jamais la crypte, dont l'intérieur fut orné avec magnificence par le cardinal de La Rochefoucauld. La voûte était soutenue, par des colonnes d'ordre toscan en brèche d'Alep, en granit rose et en porphyre brun. A cette époque le tombeau qui couvrait la pierre consacrée par le corps de sainte Genevieve, fut refait en marbre blanc. Un auteur, parlant des restaurations faites dans l'église abbatiale de Sainte-Geneviève par le cardinal de la Rochefoucauld, s'exprime ainsi, page 384 : « Son soing (du cardinal) « a passé iusques dans la chapelle sousterraine du « grand autel, y faisant faire plusieurs belles chappelles, et pour y descendre deux escaliers, en laquele se voit comme s'est tousiours veuë la se- « pulture de la Bienheureuse Genevíefve. Car la auparavant l'obscurite et les tenebres y regnoient en plein midi ; maintenant elles ont fait place à la lumiere, les autels y ont aussi repris leur ornement où l'on celebre tous les iours la sainte messe. » (*)

La révolution porta sa main sacrilége sur le tombeau de sainte Geneviève comme elle l'avait fait sur sa châsse. Les marbres qui le revêtaient furent arrachés; mais Dieu permit que là s'arrêtât la destruction : la pierre sur laquelle avait reposé le saint corps demeura intacte et fut retrouvée au même

tation de la châsse de sainte Geneviève. Les châsses n'existaient pas de son temps, l'usage d'y placer les corps des saints ne datant que du onzième siècle. Ce fut *son tombeau*, et non sa châsse qu'il embellit, comme l'attestent les paroles que nous venons de citer.

(*) *Histoire de madame saincte Geneuiefue*, par le Fr. Juge.

lieu en 1803. Nous rapporterons ici simplement la deuxième leçon des matines de l'office de la translation du tombeau; elle contient le récit des faits qui s'accomplirent alors (*) :

Au milieu des troubles qui ont agité la France vers la fin du dix-huitième siècle, lorsque la fureur des impies détruisait tous les objets sacrés, les reliques de sainte Geneviève, ces vénérables gages que la piété de nos ancêtres avait conservés pendant une si longue suite d'années, ont malheureusement péri. Mais au commencement du siècle suivant, par la miséricorde de Dieu, les choses civiles ont été rétablies dans un meilleur état, et par suite la religion catholique a commencé à refleurir. Alors le peuple de Paris n'a pu souffrir d'être plus longtemps privé de sa dévotion envers sa patronne, dévotion qui lui était aussi chère qu'elle était ancienne; et tous les fidèles de la ville ont demandé d'une voix unanime si l'on n'avait aucune espérance de réparer, en quelque manière, la perte des reliques de sainte Geneviève. François-Amable de Voisins, curé de la paroisse de Saint-Etienne du Mont, a fait part de cette pieuse demande à Son Eminence le cardinal Jean-Baptiste de Belloy, archevêque de Paris, et lui a donné avis qu'il existait encore, dans la basilique souterraine de Sainte-Geneviève, un ancien monument que dès les premiers temps on avait honoré comme le tombeau même de sainte Geneviève, et dont il paraissait que dans les dernières années, on n'avait enlevé que les marbres qui servaient à sa décoration. Son Eminence a désigné aussitôt deux personnes du clergé, recommandables par leur piété et leurs lumières, et leur a enjoint d'examiner la

(*) Offices propres de l'église de Saint-Etienne du Mont.

chose avec toute l'attention dont ils seraient capables. Ces deux personnes s'étant fait accompagner par ledit curé, et ayant appelé un grand nombre de témoins, tant ecclésiastiques que laïques, parmi lesquels se trouvait le dernier abbé de Sainte-Geneviève, avec plusieurs chanoines réguliers de la même abbaye, se sont transportées dans la basilique souterraine qu'elles étaient chargées de visiter ; et, à la grande satisfaction de tous les assistants, elles ont reconnu qu'après l'enlèvement des marbres, le massif du monument dont on vient de parler était demeuré intact ; lequel massif était principalement composé d'une pierre sépulcrale, qui avait formé la partie inférieure du sépulcre de pierre où le corps de sainte Geneviève avait reposé pendant cent vingt ans, avant d'être renfermé dans une châsse. Sous cette pierre se trouvait la portion de terre dans laquelle on a toujours cru que le corps de cette sainte vierge avait été primitivement inhumé, et s'était ensuite dissous. Par l'ordre du révérendissime archevêque de Paris, dont on a parlé plus haut, cette pierre sépulcrale, et la terre qui se trouvait au-dessous, ont été transportées dans l'église de Saint-Etienne, et l'on en a formé un monument propre à représenter aux yeux des fidèles cet ancien tombeau qui existait précédemment dans la basilique souterraine de Sainte-Geneviève. Il était en effet bien juste que l'église de Saint-Etienne, qui se trouvait contiguë à l'ancienne basilique de Sainte-Geneviève, et qui avait toujours rendu des honneurs particuliers à cette sainte vierge comme à sa propre patronne, fût la première de toutes à renouveler son culte solennel, que le malheur des circonstances avait forcé d'interrompre pendant quelque temps. La translation du vénérable monument a été célébrée avec une grande pompe et un nombreux concours de peuple, le trois janvier l'an de Jésus-Christ mil huit cent quatre. On a réglé ensuite qu'à l'avenir elle se célébrerait tous les ans le quatrième dimanche après Pâques. (*)

Le tombeau de sainte Geneviève fut déposé dans la partie méridionale du chœur de Saint-Etienne du Mont, le plus près possible de la crypte qui l'avait abrité depuis treize siècles ; c'est là où il est vénéré aujourd'hui et est l'objet d'un constant et touchant pèlerinage.

La chapelle a été restaurée en 1855, par les soins de l'abbé de Borie, curé actuel de Saint-Etienne du Mont, avec le concours de l'Institut des Dames de Sainte-Geneviève et sur les dessins du R. P. Arthur Martin, de la Compagnie de Jésus.

« Et finalement qui est celuy qui ne te cherira et aymera, ô sainte montagne ! ô temple sacré ! pour auoir en toy une si riche bague, un si precieux joyau surpassant en vertu et en excellence l'emeraude de Scythie, l'onyx d'Arabie et l'agathe de Sicile, le hiacinthe d'Ethiopie, le saphir de Mede, le diamant des Indes, le iaspe, le ruby, la marguerite, le beril et tous autres qui se pourroient nommer, veu que c'est au sepulchre de la vierge ou les aveugles ont receu la clarté, les sourds l'ouye, les muets la parole, les boiteux cheminer droit, les gouteux paralitiques guarison, les frenetiques l'usage de raison, et sur tout les fievreux leur sante, bref tout malade support et consolation de sa misere et calamite ?

« Et par ainsi s'esbahira-t-on si le peuple de Paris et des lieux circonvoisins honore, cherit, ayme et

(*) Cette fête se célèbre maintenant le troisième dimanche après Paques, un Bref du Souverain-Pontife mettant à ce jour l'indulgence plénière pour l'Institut de Sainte-Geneviève.

visite les saincts lieux ou gisent les os et reliques de l'vne des plus accomplies et vertueuses Dames que jamais la France ait produite, l'Europe ait cogneue, la terre ait portée? Si bien que nous pouvons dire d'elle ce que l'Ecclésiastique dit de l'homme sage et qui craint Dieu. C'est que le Seigneur lui donnera un nom eternel pour heritage et de rechef sa memoire ne sera jamais tollée et son nom sera requis a tout iamais. »

Collaudabunt multi sapientiam ejus, et usque in seculum non delebitur.

Non recedet memoria ejus, et nomen ejus requiretur a generatione in generationem.

(Eccl., ch. XXXIX, v. 12-13.)

Et nous terminerons ce livre en disant avec un auteur latin :

A cælis in terram iterum redeuntes S. Genovefam reprehendimus Lutetiæ non solum, sed totius etiam regni Galliæ patronam haberi et angelum tutelarem. (*)

Et avec l'Eglise (**) :

Nobilis regni Genovefa Custos,	Noble gardienne de la France,
Quæ laboranti patriæ potenti	Geneviève, dont la main puissante protége la patrie dans ses dangers et
Subvenis dextra, placidisque servas	maintient la paix et la
Lilia Gallis;	prospérité parmi nous,
Nunc tibi cultu proprio dicatam	Faites que cette ville qui vous est consacrée par
Pace fac urbem placida potiri,	un culte spécial jouisse d'une paix profonde, et

(*) *Histoire de madame saincte Geneuifue*, par le Fr. Juge.

(**) Offices propres de Saint-Etienne. Fêtes de la *Translation du tombeau de sainte Geneviève.*

Et tuam posthac, velut ante norit Gallia dextram.	que la France connaisse dans l'avenir comme dans le passé la puissance de votre bras.
Usque sit trinæ decus unitati Cujus æternis opulenta donis Tanta per nostras Genovefa terras Dona profundit. Amen.	Gloire à jamais à la Trinité Sainte, qui vous enrichit à jamais de ses dons, ô Geneviève! et qui par vous verse avec profusion ses grâces sur notre patrie. — Ainsi soit-il.

NEUVAINE

EN

L'HONNEUR DE SAINTE GENEVIEVE

Pour sa fête qui se célèbre le 3 janvier. (*)

1er JOUR

Mon Dieu, voici des jours particulièrement sérieux et saints pour les membres de l'Institut de Sainte-Geneviève et où vos grâces semblent en quelque sorte plus rapprochées d'eux, s'ils veulent en profiter..... Votre bonté m'a appelée au sein de cette grande famille.... j'ai droit à ses priviléges et je vous supplie, mon Dieu, de m'y faire participer. Répandez sur elle, répandez sur moi vos grâces et vos bénédictions les plus spéciales. Esprit-Saint, je veux vous apporter un cœur docile, fermement résolu de ne pas reculer devant les conséquences même rigoureuses des lumières que vous daignerez lui communiquer. Soutenez-moi dans cette résolution, parlez à mon esprit, mais parlez bien plus encore à mon cœur.

Veni, Creator.

Marie, première protectrice de notre Institut, par laquelle tout s'y est fait, et tous biens lui sont donnés, Marie, *notre prieure* bien-aimée, car ce titre qui vous a été donné, nous avons la douce confiance que vous avez daigné l'accueillir ; Marie, je vous confie ces jours et les mets dans votre cœur immaculé et maternel.

(*) Elle peut se faire également en d'autres temps de l'année.

Sub tuum.

Sainte Geneviève est le modèle de la vie chrétienne au milieu du monde qu'elle ne quitta jamais, et où elle pratiqua pendant de longues années les plus héroïques vertus. Sainte Geneviève est le modèle de la vie de charité spirituelle, de dévouement à l'Eglise à laquelle elle rendit de grands services, et à son pays qu'elle préserva par sa prière des plus grands malheurs.

A ces titres elle devait être la protectrice d'un Institut dont les fins sont : la vie chrétienne au milieu du monde, l'exercice de la charité spirituelle, particulièrement par la prière pour l'Eglise et la France, et je dois la prendre pour modèle dans leur accomplissement.

Sainte Geneviève, je veux pendant ces saints jours méditer votre vie, afin de la retracer en moi, et d'entrer ainsi dans les fins et dans l'esprit de l'Institut auquel j'ai le bonheur d'appartenir ; c'est le premier motif qui m'amènera à vos pieds.

Je veux en second lieu pratiquer la charité spirituelle que vos exemples m'auront apprise, en implorant votre puissante intercession près de Dieu pour l'Eglise, pour la France, pour tous ceux qui me sont unis dans l'ordre de la nature et dans celui de la grâce, pour tous ceux qui souffrent dans leur âme et dans leur corps, et en particulier pour tous ceux qui ont recours aux prières de notre Institut.

Chère sainte Geneviève, patronne bien-aimée de notre France, soutenez-moi dans cette sainte et douce tâche, laissez-moi vous rappeler les jours de votre vie mortelle. Vous eussiez alors écouté nos demandes, vous eussiez prié pour moi, pour tous ! Abîmée maintenant dans le foyer de la charité éternelle, vous ferez plus encore, et c'est avec une douce et entière confiance que j'implore au commencement de cette neuvaine votre bénédiction.

PRIÈRE A SAINTE GENEVIÈVE.

Souvenez-vous, très-glorieuse sainte Geneviève, de vos anciennes bontés pour la France. Souvenez-vous de toutes les grâces que depuis quatorze siècles vous n'avez cessé d'obtenir à ceux qui ont eu recours à votre puissante intercession. Nous l'implorons encore (*près de votre tombeau consacré par tant de miracles*) [*] pour l'Eglise, pour notre pays, nos familles, pour la conversion des pécheurs, la persévérance des justes, le soulagement des malades, la consolation des affligés, pour notre salut à tous. Nous remettons avec confiance entre vos mains nos intérêts spirituels et temporels, vous suppliant de vous en charger auprès de Dieu et de veiller toujours sur nous, dans les maux qui nous menacent sans cesse, et de nous obtenir tous les biens que nous désirons dans l'ordre de Dieu.

Sainte Geneviève, ne soyez pas insensible à nos prières, mais écoutez-les favorablement; daignez les exaucer et nous bénir. — Ainsi soit-il.

LITANIES DE SAINTE GENEVIÈVE.

Kyrie, eleyson	Miserere nobis.	Seigneur, ayez pitié de nous	Ayez pitié de nous.
Christe, eleyson		Christ, ayez pitié de nous	
Kyrie, eleyson		Seigneur, ayez pitié de nous	
Pater de cœlis, Deus		Père céleste, qui êtes Dieu	
Fili, redemptor mundi, Deus		Fils, rédempteur du monde, qui êtes Dieu	
Spiritus Sancte, Deus		Esprit-Saint, qui êtes Dieu	
Sancta Trinitas, unus Deus		Trinité sainte, qui êtes un seul Dieu	
Sancta Maria, virgo, Dei genitrix, ora pro nobis.		Sainte Marie, vierge, mère de Dieu, priez pour nous.	
Sancta Genovefa, Patri acceptissima, ora pro nobis.		Sainte Geneviève, si agréable à Dieu le Père, priez pour nous.	

[*] Ceci se dit à Paris seulement.

Sancta Genovefa, Christo gratissima
— Spiritui dilectissima
— Mariæ dulcissima
— Orationi addictissima
— Austeritate severa
— Puritate mundissima
— Erga parentes piissima
— Calumniis impetita
— Variis virtutibus adornata
— Injuriarum patientissima
— Hunno terribilis
— Urbis obsessæ præsidium
— Urbis in fame nutrix
— Urbis in peste medela
— Segetis ab æstu umbraculum
— Nimio ab imbre tutela
— In tempestate et undis receptaculum
— Promptum in adversis auxilium
— Lætum secundis in rebus crementum, ora pro nobis.
— Patrona nostra singularis,

Ora pro nobis.

— Urbis et Galliæ patrona, ora pro nobis.

Agnus Dei, qui tollis peccata mundi, parce nobis, Domine.

Agnus Dei, qui tollis peccata mundi, exaudi nos, Domine.

Agnus Dei, qui tollis peccata mundi, miserere nobis.

Christe, audi nos.
Christe, exaudi nos,

℣. Factus es susceptor meus, Domine.

℟. Adjutor meus tibi psallam.

Sainte Geneviève, si aimée de Jésus-Christ
— Si chérie du Saint-Esprit
— Les délices de Marie
— Modèle d'oraison
— Modèle d'austérité
— Modèle de pureté
— Modèle de piété filiale
— Modèle de résignation dans les calomnies
— Modèle de patience dans les injures
— Modèle de toutes les vertus
— Terreur des Huns
— Secours de la ville assiégée
— Secours dans la famine
— Secours dans la peste
— Protectrice des moissons contre la chaleur
— Protectrice contre la pluie
— Protectrice contre la tempête et les inondations
— Protectrice dans l'adversité
— Bonheur nouveau dans la prospérité,
— Notre patronne toute spéciale,

Priez pour nous.

— Patronne de Paris et de la France, priez pour nous.

Agneau de Dieu, qui effacez les péchés du monde, soyez-nous favorable, Seigneur.

Agneau de Dieu, qui effacez les péchés du monde, exaucez-nous, Seigneur.

Agneau de Dieu, qui effacez les péchés du monde, ayez pitié de nous.

Christ, écoutez-nous.
Christ, exaucez-nous.

℣. Seigneur, vous vous êtes déclaré mon protecteur.

℟. Soyez béni pour l'appui que vous m'avez donné.

OREMUS.

Deus, qui beatam virginem Genovefam ab infantia deduxisti per vias rectas, et eam miraculorum gratia, ad plebis tuæ præsidium decorasti, deduc nos in

PRIONS.

O Dieu, qui avez conduit dès son enfance la bienheureuse vierge Geneviève par les sentiers de la justice, et qui, pour les besoins de votre peuple, lui avez accordé

semitam mandatorum ut auxiliis temporalibus, ipsa intercedente, non destituti, bona æterna toto corde concupiscamus; Per Christum Dominum nostrum. — Amen.

la gloire des miracles, conduisez-nous dans les sentiers de vos commandements, afin que, par son intercession, pourvus des dons nécessaires à la vie temporelle, nous désirions de tout notre cœur les biens éternels : par Jésus-Christ Notre-Seigneur. — Ainsi soit-il.

Sancta Genovefa, urbis et Galliæ patrona, ora pro nobis. (Cette invocation se dit trois fois.)

2e JOUR.

Saint Germain d'Auxerre, inspiré par un esprit prophétique, révéla à sainte Geneviève les desseins de Dieu qui la voulait toute à lui. « Votre servante « écoute, saint Père, ordonnez-lui ce qu'il vous « plaira (*), » répond Geneviève âgée alors de six ans, et, depuis ce moment jusqu'à celui de sa mort arrivée à l'âge de 89 ans, sa vie sera celle de la plus profonde sainteté.

Un de ses historiens la résume par ces paroles : « Elle avait, dit-il, une foi vive, un amour de Dieu si « ardent et une si parfaite confiance en lui que nul « autre mouvement ne régnait dans son cœur. » (**)

Puis-je me rendre le témoignage d'avoir été toute ma vie fidèle à répondre aux appels de la grâce ? Depuis le moment même où je me suis donnée plus particulièrement à Dieu, ne lui ai-je refusé aucun sacrifice ? Ai-je laissé son esprit agir en moi, sans lui opposer aucune résistance ? ma vie est-elle une vie de foi, d'union à Dieu, une vie sérieusement chrétienne ainsi que la demande notre Institut ? et le monde exerçant sur moi sa funeste influence ne me

(*) «*Audit famula tua, Pater Sancte, quæ jubes edicto.*» *Vita sanctæ Genovefæ prout habetur in novem antiquissimis manuscriptis.* Publiée par le Père Charpentier en 1696.

(**) Vie de sainte Geneviève, tirée de la *Vie des saintes d'Occident*, imprimée à Paris, en 1722.

fait-il pas tomber en de graves illusions? je dois vivre au milieu du monde, mais son esprit ne doit jamais être le mien: là est le point de séparation, la limite que rien ne doit me faire franchir.

Sainte Geneviève, soyez ma céleste maîtresse; apprenez-moi le sens intime de ces paroles, *vie sérieusement chrétienne*; surtout obtenez-moi le courage d'obéir sans restriction aux enseignements qui en seront le résultat; obtenez-moi de bien comprendre que la vie chrétienne et la vie de sainteté sont une même vie; qu'être saint n'est autre chose que d'être sérieusement et réellement chrétien. La grâce de cette conviction, de cette lumière si nécessaire et si méconnue de nos jours, la grâce du courage pour la suivre, je vous demande de l'obtenir non-seulement pour moi, mais pour tous ceux dont le salut m'est aussi cher que le mien propre. Sainte Geneviève, je vou demande encore en ce jour de faire descendre par vos prières la foi dans le cœur de tous ceux qui sont plongés dans les ténèbres de l'erreur; je vous recommande particulièrement les missionnaires, toutes les œuvres consacrées à la propagation et à la défense de la foi, et toutes les âmes qui souffrent et sont persécutées pour elle.

Souvenez-vous, très-glorieuse sainte Geneviève.
Litanies de sainte Geneviève.
Sancta Genovefa, urbis et Galliæ patrona, ora pro nobis.

3e JOUR.

Sainte Geneviève fut pendant sa jeunesse atteinte de violentes maladies, afin, nous dit encore son historien « que la vertu de son âme fût éprouvée par « l'infirmité de son corps et que la grâce du Saint-Es- « prit crût toujours en elle. Pendant trois jours on la

« regarda comme morte; Dieu voulut, durant ce « temps, lui découvrir plusieurs mystères au-dessus « de l'intelligence humaine, et la préparer par les « connaissances sublimes dont il l'éclaira, aux gran- « des entreprises auxquelles il la destinait pour sa « gloire. » (*)

Les souffrances sont une grâce. Tous nous devons participer à la passion du chef dont nous sommes les membres; tous nous devons par là faire pénitence et nous détacher de la terre; je le sais... je le crois... Mais ce n'est pas assez de croire cette vérité en théorie, il faut, malgré les résistances de la nature, que je la considère face à face pour ainsi dire, afin d'en embrasser généreusement les conséquences, et que désormais mes pensées, mes paroles, mes actions en rendent hautement témoignage.

Sainte Geneviève toute miséricordieuse, vous vous souveniez des souffrances de vos jeunes années lorsque votre main, arrêtant le glaive de l'ange de la justice du Très-Haut, répandit la rosée du Ciel sur le feu des Ardents! Vous vous en souveniez toutes les fois où vous avez délivré notre pauvre nature de douleurs bien pesantes souvent pour sa faiblesse!... Au nom de vos souffrances, prenez toujours les nôtres en pitié; au nom des prodiges de grâce dont elles furent pour vous l'occasion, obtenez-nous d'aimer *en chrétiens*, dans toute la vérité de l'expression, celles que Dieu nous fera supporter. Sainte et très-aimée Protectrice, je vous recommande en ce jour tous ceux qui souffrent, particulièrement ceux qui me sont chers dans l'ordre de la Providence, et pour lesquels j'appréhende si souvent de pénibles inquiétudes. Je les mets sous votre sauvegarde; je vous recommande ensuite

(*) *Vie latine de sainte Geneviève*, traduction du P. Lallemant.

ceux qui dans leurs douleurs lèvent les yeux vers vous, et demandent à notre Institut d'intercéder pour eux; enfin je vous demande d'obtenir l'esprit chrétien dans les souffrances pour tous, et surtout pour vos enfants!

Souvenez-vous, très-glorieuse sainte Geneviève.
Litanies.
Sancta Genovefa, urbis et Galliæ patrona, ora pro nobis.

4e JOUR.

Sainte Geneviève depuis l'âge de quinze ans pratiqua la pénitence la plus rigoureuse (*), « à ce point qu'elle « semblait ne plus vivre que d'une vie toute spiri- « tuelle; dans un âge avancé les évêques qui voyaient « les grands besoins qu'avait l'Eglise non-seulement « de ses exemples, mais même de ses travaux, l'obli- « gèrent à modérer ses austérités. » Or l'adoucissement qu'elle y apporta nous paraîtrait encore une mortification extrême.

Dieu ne demande pas de moi d'imiter sur ce point les actes de sainte Geneviève, mais bien d'entrer sérieusement dans l'esprit de pénitence qui l'animait; il est inhérent à la vie de foi, à la vie chrétienne, et chaque jour pourtant il semble moins compris (**). « La penitence diminue pendant que son « besoin augmente; l'iniquité couvre la face de la « terre, la main de Dieu s'est appesantie sur toute « la chrétienté; mais les hommes, loin d'affliger leurs « âmes pour apaiser sa colère, ne cherchent qu'a « élargir la voie étroite. »

Il en est ainsi dans le monde, mais je ne puis par-

(*) Vie de sainte Geneviève, tirée de la *Vie des saintes d'Occident.*
(**) Fénelon.

tager son erreur. Sans l'esprit de pénitence et de mortification, je ne serais pas sérieusement dans la vie chrétienne, et il me serait impossible de coopérer à la fin que notre institut se propose : fléchir la justice de Dieu et appeler sur tous ses miséricordes.

Sainte Geneviève, obtenez-moi de vous suivre dans le rude chemin de la pénitence, où vous avez marché avec tant de courage; obtenez-moi de ne jamais me faire d'illusion sur sa nécessité; mais, éclairée par la lumière de la foi, d'y entrer avec courage et de la suivre avec persévérance.

O ma chère sainte Geneviève, à la fois si austère et si bonne, obtenez pour vos filles de retracer en elles ces deux caractères de votre sainteté, et que plus elles seront sévères pour elles-mêmes, plus elles s'efforcent, suivant la parole de saint François de Sales, « de faire trouver par tout le monde leur dévotion aimable. »

Sainte Geneviève, obtenez l'esprit de pénitence pour tous les chrétiens. Je vous recommande particulièrement en ce jour les ordres et congrégations religieuses qui lui sont consacrés plus spécialement, et qui nous sont unis dans les liens de la charité de Notre-Seigneur.

Souvenez-vous, très-glorieuse sainte Geneviève.
Litanies.
Sancta Genovefa, urbis et Galliæ patrona, ora pro nobis.

5e JOUR.

Dieu n'épargna pas à sainte Geneviève l'une des croix qu'il fait souvent peser bien lourdement sur ses plus fidèles serviteurs, sur ses amis les plus privilégiés. La calomnie fondit sur elle, et pour la perpétuelle consolation des âmes attaquées par le monde, la plus éclatante sainteté ne fut pas préservée de ses atteintes. Sa vie en vint même à être menacée par ceux qu'elle devait combler de tant de bienfaits! Dieu suscita saint Germain d'Auxerre pour être, en ces temps d'orage, le défenseur et l'appui de celle qu'il lui avait consacrée aux jours paisibles de son enfance. Saint Germain parla, rendit témoignage de la sainteté de Geneviève; à la voix du saint pontife la persécution cessa et la calomnie fut réduite au silence.

Jamais peut-être ma faiblesse ne sera exposée à de semblables épreuves. . Elles sont rudes entre toutes, surtout pour certaines âmes... Mais au moins il me faut mettre aux pieds de sainte Geneviève ma susceptibilité, ma délicatesse trop grande sur ce qui peut attaquer non-seulement ma réputation, mais mon amour-propre, ma vanité; j'irai plus loin, sur ce qui peut froisser les justes susceptibilités de mon cœur... Il y a là un immense élément de souffrance connu seulement des âmes qui ont passé par ces angoisses; mais enfin tout cela est humain, personnel, et dans l'âme sérieusement chrétienne et dévouée à Dieu, Dieu et les intérêts de sa gloire doivent prendre la place de tous les sentiments naturels.

Sainte Geneviève calomniée et persécutée, envoyez-moi votre souvenir, lorsque mon pauvre cœur ému sera tenté de céder à l'impression de la nature sur des points si délicats pour lui; soutenez-moi dans ces moments difficiles, il faut le reconnaître, pour notre fragilité, et obtenez-moi que tout murmure intérieur, toute manifestation humaine soit remplacée en moi par le silence, l'union à la volonté de Dieu, et le désir de participer aux opprobres de la passion en vue de mon salut et de celui de mes frères.

Sainte Geneviève, obtenez pour l'Église le triomphe sur ses ennemis, la paix au milieu de leurs attaques.

Je vous recommande particulièrement en ce jour tous ceux qui, pendant ma vie, m'ont affligée de quelque manière que ce soit, afin que Dieu leur rende en grâces les souffrances qu'elles ont pu me causer. Enfin je vous recommande les âmes persécutées pour la justice et tous ceux qui sont victimes des injustices et des calomnies suscitées par l'esprit de ténèbres.

Souvenez-vous, très-glorieuse sainte Geneviève.
Litanies.
Sancta Genovefa, urbis et Galliæ patrona, ora pro nobis.

6e JOUR.

Attila, roi des Huns, assiégea Paris: ses habitants, frappés d'épouvante, veulent prendre la fuite; Geneviève la femme forte de l'Écriture, [illegible]ête, ranime leur courage, les assure de la protection de Dieu; puis, nous dit son historien, « elle assemble les dames « de la ville, leur persuade de passer quelques jours « en la nef et à l'entrée de l'église où sont les fonts « baptismaux, et de veiller, de jeûner et de beaucoup « prier pendant ce temps-là, afin qu'imitant Judith « et Esther, elles méritent de détourner les malheurs « dont Paris est menacé. » (*)

Elles ne prient pas en vain; repoussé par une force invisible, Attila est mis en fuite, et Paris reconnaissant salue depuis quatorze siècles sainte Geneviève du doux nom de sa patronne et de sa libératrice.

Les siècles passent, mais l'Évangile est immuable. Aujourd'hui comme autrefois la prière est toute-puissante, la prière est le salut des nations; aujourd'hui comme autrefois sainte Geneviève veut réunir autour d'elle les femmes chrétiennes, et leur demande encore de veiller, de prier au pied des autels pour l'É-

(*) *Vie latine de sainte Geneviève*, trad. du P. Lallemant.

glise leur patrie du ciel, pour le pays de leur naissance leur patrie de la terre assiégée sans cesse par des ennemis redoutables et menacée des plus grands malheurs. J'ai entendu sa voix lorsque je suis entré dans l'Institut; seulement ai-je bien médité et compris la nécessité, la gravité de la mission que je recevais alors, et l'efficacité des armes déposées entre mes mains? Le secret de l'action mystérieuse de la prière qui reste caché pour le monde, ai-je cherché à le pénétrer? et pendant que ce monde regarde avec dédain et traite d'inutile ce qu'il en peut seulement entrevoir, ai-je béni Dieu de m'associer aux âmes qui, dans la solitude du cloître, ont sans cesse les mains levées vers lui pour arrêter les effets de sa colère, et faire descendre ses miséricordes?

Sainte Geneviève, ma chère protectrice! près de vous, à votre suite, je veux par la prière pratiquer la charité spirituelle. Parlez-moi, encouragez-moi comme si je me trouvais réellement avec vous dans la maison de Dieu. Sainte Geneviève, obtenez pour notre siècle l'intelligence de la charité spirituelle, et obtenez pour notre Institut quelques gouttes découlant du torrent d'amour et de charité de votre cœur. Je vous recommande particulièrement en ce jour les ministres de Dieu, les ordres religieux, les associations saintes, et généralement tous ceux qui sont consacrés au bien spirituel des âmes.

Souvenez-vous, très-glorieuse sainte Geneviève.

Litanies.

Sancta Genovefa, urbis et Galliæ, ora pro nobis.

7e JOUR.

Dieu permit que sainte Geneviève fût exposée à une épreuve non moins redoutable peut-être que celle des souffrances et des persécutions : l'éclat de sa sainteté et les prodiges qu'elle opérait chaque jour lui attirèrent l'admiration universelle ; saint Siméon Stylite se recommandait à ses prières ; sainte Clotilde lui était unie par les liens d'une étroite amitié ; Childeric et après lui Clovis ne refusaient aucune de ses demandes. De toute part on recourait à son intercession près de Dieu, et cependant nous lisons dans sa Vie ces paroles remarquables :

« Sainte Geneviève conservait une douceur, une « humilité profonde, qui l'entretenait dans de si bas « sentiments d'elle-même, qu'elle se regardait comme « la plus misérable créature de la terre. »

Quelle leçon ! le moindre succès, la moindre action bonne ou sainte, que la grâce de Dieu me permet d'accomplir, détourne mes yeux de la vue de mon néant, et me fait perdre la pensée de ma misère profonde ; le désir même de tenir quelque place dans l'estime et l'admiration des hommes ne me préoccupe-t-il pas quelquefois et ne se glisse-t-il pas dans des intentions qui devraient avoir Dieu seul pour objet ? Il faut me dire sérieusement qu'il n'en peut être ainsi ; je ne ferai rien, la grave mission que j'ai reçue est impossible, si elle n'a pour base la plus vraie humilité, et sa puissance est renfermée dans ces paroles prononcées à nos réceptions : « Dieu choi« sit la faiblesse en ce monde pour triompher de la « force. » *Infirma mundi elegit Deus ut confundat « fortia.* »

(*) Vie de sainte Geneviève, tirée de la *Vie des saintes d'Occident.*

Chère et humble sainte Geneviève, tout contact avec ce monde au milieu duquel je dois vivre, semble communiquer la subtile pensée de la vanité. Enveloppez-moi, pour me préserver de ses atteintes, dans le manteau de votre humilité, et demandez à Dieu pour mon cœur quelque chose des sentiments du vôtre. Prenez en pitié le fol orgueil de notre siècle, obtenez que les yeux de ceux qu'il entraîne loin du sein de l'Eglise s'ouvrent à la vérité ; et s'il est le grand mal de notre époque, obtenez au moins pour vos enfants d'en être préservés.

Sainte Geneviève, je vous recommande particulièrement en ce jour les pauvres pécheurs, ceux que l'orgueil porte au mépris de leurs devoirs les plus sacrés, et toutes les âmes éloignées de Dieu recommandées aux prières de notre institut.

Souvenez-vous, très-glorieuse sainte Geneviève.
Litanies.
Sancta Genovefa, urbis et Galliæ patrona, ora pro nobis.

8e JOUR.

« Les devoirs de charité qui engageaient souvent
« sainte Geneviève dans des soins capables de la dis-
« siper, ne la rendaient pas moins occupée de Dieu,
« rien n'interrompait sa prière ; le sommeil même lui
« semblait un temps perdu, parce qu'il ne lui laissait
« pas la liberté de méditer les vérités divines, et ja-
« mais personne n'a conservé peut-être dans les oc-
« cupations extérieures une âme plus solitaire et plus
« dégagée des choses sensibles. » (*)

O ma chère maîtresse, c'est ici surtout que vos enseignements me sont nécessaires ; mais aussi je dois

(*) Vie de sainte Geneviève, tirée de la *Vie des saintes d'Occident.*

concilier ces deux vies de *prière* et *d'action*, vie d'union à Dieu, de prière continuelle, et vie appliquée aux devoirs extérieurs de ma position, aux œuvres de charité corporelle demandées à tous par la vie chrétienne, et à moi spécialement par nos statuts. Le monde déclare cette double vie impossible, afin de s'y soustraire et relègue la vie de prière au fond des cloîtres; moi-même n'ai je pas partagé son erreur, et sans me l'avouer, par le même motif?...... N'ai-je pas cherché à me persuader qu'avec une vie aussi occupée, aussi envahie par les occupations extérieures que la mienne, je ne pouvais prétendre à être *une âme de prière;* qu'il était inutile de tenter pour cela des efforts; que plus tard, si je retrouvais de la liberté, je chercherais à y parvenir, et à entrer ainsi complétement dans l'esprit de notre institut?...... Encore une fois, sainte Geneviève, combien j'ai besoin de vos enseignements pour revenir de mon illusion! Votre exemple donne au monde et à ses maximes un éclatant démenti; il confond aussi ma lâcheté et me fait sérieusement réfléchir; vous m'apprenez en premier lieu que si la volonté de Dieu et non ma satisfaction personnelle est le seul motif de mes occupations extérieures, elles ne peuvent me détourner de Dieu; vous m'apprenez en second lieu qu'au sein même de la vie la plus agitée en apparence mon âme peut-être *seule* avec *Dieu seul* dans une union profonde et un état de prière continuelle: ces vérités je ne saurais les trop méditer.

Ce que vous avez pu accomplir avec la grâce de Dieu ne m'est-il pas également possible? Ne suis-je pas votre fille, ne dois-je pas marcher sur vos traces? Sainte Geneviève, notre modèle, obtenez, je vous en supplie, pour tous les membres de votre institut la grâce d'unir toujours en eux la vie de prière à la vie d'action, et la plus profonde union à Dieu au plus fidèle accomplissement des devoirs de l'état où la Providence les a placés. Obtenez l'esprit de prière pour notre institut et pour toutes les âmes vraiment chrétiennes.

Je vous recommande particulièrement en ce jour celles qui sont dans l'illusion sur leurs devoirs ou qui ont de grandes difficultés à les accomplir ; les âmes qui désirent connaître leur vocation et celles qui ont besoin de grâces particulières dans les voies du salut.

Souvenez-vous, très-glorieuse sainte Geneviève.
Litanies.
Sancta Genovefa, urbis et Galliæ patrona, ora pro nobis.

9me JOUR.

« Sainte Geneviève, après avoir demeuré sur la « terre comme dans un lieu d'exil, et vécu dans la « pratique de toutes sortes de vertus jusqu'à l'âge de « quatre-vingts ans(*); après avoir, durant cette lon- « gue carrière, employé ses soins et ses veilles *au ser-* « *vice de l'Eglise et du prochain*(**), étant enfin par- « venue en une vieillesse pleine de vigueur et de « bénédiction, mourut en paix, et alla recevoir dans « le ciel la récompense de ses travaux. » (***)

Bien souvent j'ai médité sur la mort et ce qu'elle a de pénible et de redoutable pour la nature humaine. Sainte Geneviève me la présente en ce moment sous un autre aspect ; elle me fait entrevoir le bonheur de l'âme consacrée à Dieu dès son enfance, n'ayant jamais vécu que pour lui, pour procurer sa gloire et le salut de ses frères ; le bonheur de cette âme à

(*) *Vie de sainte Geneviève*, traduction du P. Lallemant.
(**) *Id.*, tirée des Vies des saintes d'Occident.
(***) *Id.*, traduction du P. Lallemant.

l'instant où elle voit se briser les liens de l'exil, et où elle peut s'élancer vers celui qui lui a toujours été *Tout* en toutes choses!. Bonheur indicible, célestes ravissements, il nous est permis seulement de vous entrevoir, et cependant nous portons en notre cœur votre pressentiment! serez-vous jamais mon partage? les anges me rendront-ils comme à sainte Geneviève le témoignage de m'avoir vue toujours fidèle aux promesses faites à mon Dieu dans mon enfance, ou même seulement lorsque, dans un âge plus avancé, je me suis donnée à lui?.. Chère et aimée sainte Geneviève, en contemplant par la pensée votre bienheureuse mort, je me sens portée à vous demander de m'obtenir deux grâces : accomplir pour mon Dieu dans l'ordre de ses desseins sur moi *tout ce que je peux accomplir sur la terre, lui donner tout ce que je peux lui donner*; puis ensuite, très-chère sainte Geneviève, celle d'être assistée par vous dans les derniers moments de ma vie. Soyez avec la sainte Vierge près de votre enfant, et avec elle présentez-la à Dieu. Je ne vous demande pas cette grâce pour moi seule, mais aussi pour toutes mes sœurs en Dieu, pour tous les membres de la grande famille qui porte votre nom et vous est consacrée. — Je vous recommande particulièrement en ce jour les agonisants, ceux surtout en état de péché, et je vous demande d'obtenir pour tous ceux qui me sont chers la grâce d'une bonne et sainte mort.

Sainte Geneviève, ce n'est pas sans regret que je vois finir ces jours de recueillement. Il me semblait, pendant leur durée, être près de vous, avec vous, vivre presque de votre vie et en recevoir les célestes émanations. Soyez bénie de me les avoir obtenus; soyez bénie de ces moments de repos au milieu des agitations et des souffrances de notre pauvre vie sur la terre; ces souffrances, ces devoirs souvent pénibles de la position où Dieu m'a placée, il me faut les retrouver et rentrer de nouveau dans leur accomplissement; mais je le sens, j'y rentrerai plus forte, plus résolue de marcher courageusement dans cette voie des saints que votre exemple vient de me montrer *possible* au milieu même du monde! Fille de sainte Geneviève, j'ai la douce obligation de reproduire sa vie en moi autant que ma faiblesse peut le permettre, et suivant les paroles qui nous ont tracé notre mission particulière : « C'est sainte Geneviève elle-« même que votre institut est appelé à faire revivre « au milieu de nous; et du haut de cette montagne « où vous êtes placées pour édifier le monde par « vos exemples, pour veiller et prier, pour défendre « et sauver la religion et la France, c'est à la distance « de quatorze siècles, sainte Geneviève entourée de « l'auréole de la sainteté de sa vie, sainte Geneviève, « encore veillant et priant pour défendre et sauver « la religion et la France, que votre institut vient « présenter à nos regards et à notre contempla-« tion. » (*)

Puissent ces paroles s'accomplir pour moi et par moi! Puissé-je véritablement être fille de sainte Geneviève! C'est la grâce, mon Dieu, qu'à la fin de cette neuvaine je vous supplie de m'accorder par son intercession.

Très-chère et très-aimée sainte Geneviève, bénissez-moi et laissez-moi déposer entre vos mains la vocation qui m'a appelée au milieu de votre famille, et qui est maintenant pour moi la voie du salut et de la sainteté; obtenez-moi que, l'ayant par vous et avec vous fidèlement accomplie sur la terre,

(*) Paroles du R. P. Lavigne à la retraite de 1854.

elle m'ouvre les portes du ciel où avec vous et près de vous je la verrai consommée dans la gloire du Père, du Fils et du Saint-Esprit. Amen.

Sub tuum.
Souvenez-vous, très-glorieuse sainte Geneviève.
Litanies.

Sainte Geneviève, patronne de Paris et de la France, nous venons renouveler à vos pieds l'hommage de notre vénération, de notre reconnaissance et de notre confiance; nous venons vous remercier de la protection dont depuis tant de siècles vous donnez à la France des preuves si éclatantes; nous voulons, par la propagation et l'éclat de votre culte, réparer les outrages que vos reliques vénérées y ont soufferts à l'affaiblissement de votre souvenir dans nos cœurs; nous voulons appeler chaque jour, par votre intercession, les bénédictions de Dieu sur notre patrie et sur cette ville; enfin, au nom de tous les cœurs chrétiens et français, nous confions de nouveau à votre bonté et plaçons sous votre sauvegarde les intérêts de la religion, de la société, de nos familles. N'oubliez jamais, dans nos bons comme dans nos mauvais jours, le nouveau lien qu'un acte solennel a formés entre vous et la France. Bénissez-nous, bénissez la France, bénissez nos familles, bénissez surtout cet Institut. Obtenez-nous à tous la grâce de vous suivre dans la voie du ciel, où vous avez marché avec tant de courage, et de nous y trouver un jour réunis avec vous et près de vous dans la gloire du Père, du Fils et du Saint-Esprit. Ainsi soit-il.

Sancta Genovefa, urbis et Galliæ patrona, ora pro nobis.

PRIÈRES

A SAINTE GENEVIÈVE (*)

O glorieuse vierge madame saincte Geneuiefue, qui des vostre jeune aage fustes par le Benoist sainct Germain Euesque d'Auxerre à Iesus Christ espousée par vostre volonté virginale, renonçant à toutes choses mondaines et terriennes, lequel sainct Germain vous donna le dernier signe de la croix, qui estoit venu par la volonté de Dieu, en lieu de quelque bague que l'Espoux donne à son Espouse. Nous vous prions glorieuse vierge madame saincte Geneuiefue, que vous veüillez prier nostre Seigneur Iesus Christ nous donner santé et guarison de la maladie spirituelle du peché, dont nous sommes soüillez. Dame tres saincte ostez de nous, par vos merites et prières, les maux corporels et spirituels, que nos sens et nos corps penetrent et aggrauent, de telle sorte que nous ne pouuons auoir repos ny nuict ny iour. Vierge benigne, vous plaise nous impetrer grace et santé et chasser de nous ces maux corrosifs qui nous tiennent : et vous prions qu'il vous plaise prier pour nous, afin que par le merite et intercession de vous, nous puissions estre en la fin Citoyens de la Cité celeste. Ainsi soit-il.

Vierge douce, vierge benigne,
Vierge saincte, vierge tres-digne,

(*) Ces quatre prières ont été imprimées à Paris, les deux premières en 1531, les deux autres en 1701.

Vierge franche de France née,
Vierge de grace enluminée
Saincte Geneuiefue madame
Par pitié mon corps et mon âme
Veüille de tout pechez defendre
Et en ta saincte garde prendre.
Iesus ton Espoux debonnaire
Me doint par ta bonne priere
Humble cœur en prosperité,
Patience en aduersité,
De mes pechez remission,
Et en biens confirmation :
Que iamais ie ne puisse faire
Chose qui luy puisse déplaire,
Et à mes parents et amis
Doint bonne vie et Paradis,
Les mauuais veüille conuertir
Et les bons en paix maintenir.

Ainsi soit-il.

Trés-sainte et trés-adorable Trinité, seul et vray Dieu; Nous vous adorons.

Pere Eternel, qui êtes nôtre Createur; Nous vous glorifions

Fils Eternel, qui êtes nôtre Redemption; Nous vous remercions.

Esprit Eternel, qui êtes nôtre Sanctificateur; nous vous benissons.

Jesus Adorable Epoux des saintes Ames; Ayez pitié de nous.

Vierge Marie Mere de Dieu; Priez pour nous.

Sainte Geneviève Epouse du Roy éternel; Priez pour nous.

Sainte Fille prévenuë de Dieu; priez pour nous.
Fille sainte dés vôtre Enfance,
Fille sainte par vôtre innocence,
Fille animée du Saint Esprit,
Fille parfaitement Chrétienne,
Fille spirituelle comme un Ange,
Fille honorée des Saints Pontifes,
Fille consacrée par leurs mains,
Fille ornée du signe de la Croix,
Vierge toûjours en oraison,
Vierge toute occupée de Dieu,
Vierge entierement morte au monde,
Vierge innocente et mortifiée,
Vierge austere dans sa pauvre vie,
Vierge d'une prudence consommée,
Vierge d'une fidelité inviolable,
Vierge faussement accusée,
Vierge cruellement persecutée,
Vierge Epouse digne de JEsus Christ,
Epouse de JEsus crucifié,
Epouse de JEsus souffrant,
Epouse de JEsus mourant,
Epouse aimant ses douleurs,
Epouse patiente dans ses langueurs,
Epouse secourable dans les fiévres ardentes
Epouse accablée de douleurs,
Epouse toûjours courageuse,
Epouse en tout victorieuse,

Priez pour nous. Priez pour nous.

Obtenez-nous de Dieu, par vos prieres des dispositions semblables à celles qui vous ont sanctifiées.

Obtenez-nous une sainte horreur de l'esprit et des maximes du monde.

Obtenez-nous la grace de vivre dans l'innocence, et la simplicité Chrétienne.

Obtenez-nous la vertu de souffrir nos maladies pour nôtre salut.

Obtenez-nous enfin, ô charitable Patrone, la perseverance dans l'amour et le service que nous devons à nôtre Dieu.

Agneau de Dieu, qui ôtez les pechez du monde, ôteznous les nôtres.

Agneau de Dieu, qui ôtez les pechez du monde, sanctifiez-nous par vôtre grace.

Agneau de Dieu, qui ôtez les pechez du monde, obtenez-nous la vie éternelle.

O JEsus, soyez-nous JEsus.

Grand Dieu de bonté et de Majesté infinie, qui glorifiez divinement les humbles et les pauvres, et qui avez rendu fidelle vôtre Vierge et servante Geneviéve, aussi bien qu'admirable à toute la terre par la grandeur de ses vertus et de ses miracles; donnez à vos serviteurs la grace d'être les fideles imitateurs des exemples de leur sainte Patrone, dont ils honorent les vertus et les merites. Par JEsus-Christ nôtre Seigneur qui a tout merité pour nous. Ainsi soit-il.

O bien-heureuse sainte Geneviéve, de tous temps ceux de Royaume, que vous ne cessez de favoriser, ont eu recours à vôtre bonté en leurs infirmitez et maladies; car je sçai bien que ceux qui sont languissans d'une *froide hydropisie*, qui les fait mourir peu à peu, sont soulagez par vôtre intercession; et que ceux qui brûlent d'une *fièvre fâcheuse* sitôt qu'ils ont recours à vous, sont soulagez et guéris; et qu'il n'est pas jusques aux muets qui ne recouvrent la parole et aux aveugles qui ne recouvrent la vûë par vôtre moyen. Pourquoi donc n'aurois-je pas la hardiesse de recourir à vous? O très Sainte Vierge, vous voyez mon infirmité, vous sçavez comme je suis affligé, et comme cette *fiévre* me tourmante. J'ai recours à vous, secourez-moy, s'il vous plâît, et obtenez de Dieu que j'en sois délivrée, à fin de le mieux servir, et de vivre dorénavant plus saintement que je n'ai fait, et pour témoigner par-tout que vous êtes non-seulement l'honneur des Parisiens, mais encore leur sainte et fidelle Avocate. Ainsi soit-il.

FIN.

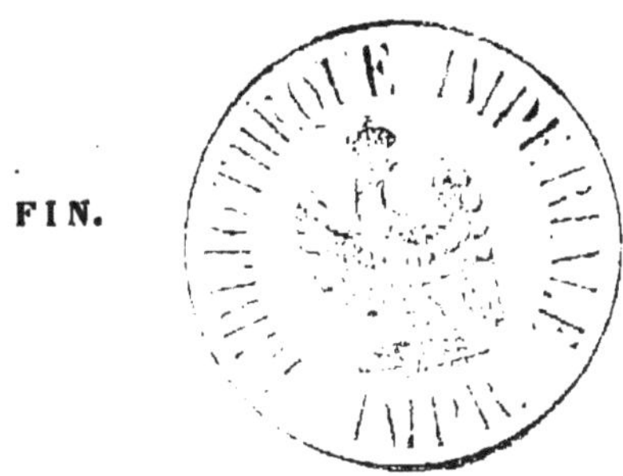

PARIS.—IMPRIMERIE DE SOYE ET BOUCHET, PLACE DU PANTHÉON, 2.

www.ingramcontent.com/pod-product-compliance
Ingram Content Group UK Ltd.
Pitfield, Milton Keynes, MK11 3LW, UK
UKHW020235220726
13923UKWH00002B/669